숲속의 자본주의자

숲속의 자본주의자

── 자본주의의 변두리에서 발견한 단순하지만 완전한 삶 ──

박혜윤 지음

다산
초당

골수를 맛보는 삶

『이상한 나라의 앨리스』에는 덜 유명한 후속작이 하나 있다. 바로『거울 나라의 앨리스』다. 역시 수수께끼로 가득한 이 작품에는 붉은 여왕이라는 새로운 인물이 등장하는데, 그녀는 아무리 오래 달려도 지치지 않는다. 영문도 모르고 헐떡이며 함께 달리던 앨리스는 잠시 멈춘 순간 어딘가 이상한 점을 발견한다. 붉은 여왕도 그녀의 신하들도 끊임없이 달리고 있지만 제자리에서 한 걸음도 나아가지 못했던 것이다. 여왕이 그 비밀을 알려준다. "여기에서는 말이야, 같은 자리에 있고 싶으면 있는 힘껏 달려야 하는 거야."

아무리 둘러봐도 열심히 살지 않는 사람이 없다. 큰 재산이나 명성을 노리는 것도 아닌데 말이다. 그런데 하루 종일 노력하고도 자리에 누워 오늘은 만족스러웠다고 느끼는 사람도 좀처럼 없다. 그러면 이상한 마음의 상태에 빠지기도 한다. 죽도록 열심히 살면서도 '어차피 안 돼'라는 은밀한 포기를 하게 된다.

있는 힘껏 달리면서도 그 마음에는 희망이 아니라 체념이 자리잡는다. '다들 이렇게 사는 거야. 어쩔 수 없어.' 이런 이상한 포기 상태에서 탈출하고 싶다면 어떻게 해야 할까? 붉은 여왕은 말한다. "이곳에서 어디로 가려면, 최선보다 두 배는 빨리 뛰어야 해." 많은 사람들이 실제로 조금씩 더 빨리 달릴 방법을 찾는다. 잠을 줄여보고, 점심시간을 쪼개보고, 출퇴근 시간도 활용한다. 그러나 열심히 사는 것과 의미 있게 사는 것은 다르다.

소로의 『월든』에서 내가 가장 사랑하는 대목이다.

> 나는 삶의 깊은 곳까지 내려가 삶이라는 녀석의 골수를 전부 빨아먹고 싶다. 스파르타인처럼 굳건하게 삶을 살아내어, 삶이 아닌 것들을 전부 깨부수고, 기다란 낫을 넓게 휘둘러 삶이란 것을 바싹 깎아내고, 삶이 도망가지 못하도록 구석으로 몰아 더 이상 줄어들 수 없을 만큼 작은 핵심만 남도록.

삶의 정수를 걸러내려면 숲속에 오두막을 지으란 이야기가 아니다. 소로가 월든에 간 이유는 어떤 삶에도 적용할 수 있다. 그는 인생을 남김없이 맛보고 싶었다. 그 어떤 경험도, 감정도 철저히 자신의 것으로 만들고 싶었다. 그 모든 것이 삶이기에 성공이냐 실패냐는 중요하지 않았다. 그것이 삶의 골수를 빼 먹는 그만의 방식이었고, 그의 삶에 의미를 만들어주었다.

나도 내 삶의 골수를 맛보고 싶었다. 나만의 의미와 이야기를 발견하고 싶었다. 그러나 나 자신의 '나다움'이 무엇인지 아는 것은 꽤나 공이 드는 작업이다. 그런 삶의 독특성, 의미, 재미를 주목하고 찾아낼 사람은 우주에 나 한 사람밖에 없다. 섬세하고 주의 깊게, 너그럽게 천천히 들여다봐야만 보인다. 내게 시골은 이런 생각에 마음껏 빠져 있을 만한 넉넉한 공간과 시간, 그리고 적은 생활비를 의미했다.

내가 시골 생활에서 사랑하는 것은 넓은 땅을 대체로 놀리면서 받는 가슴이 확 트이는 느낌이다. 텃밭도 가꾸고, 숲의 생태를 공부하면서 원주민들이 채취했던 식물들을 먹기도 했지만 큰 농사를 벌이거나 동물을 기르지 않았다. 야생에 집이 침범당하지 않을 정도만 최소한의 관리를 하며 조용히 고립을 즐긴다. 새삼스럽게 이웃들과 교류하며 일을 벌이지도 않고, 가족들과 시시콜콜한 이야기를 주고받거나 몽상에 빠지거나 그때그때 스스로의 욕망에 항복하며 삶의 재미를 느낀다. 이렇게 살아도 되나? 잘 모르겠다. 그렇게 살고 있을 뿐이다.

신기하게도 이런 생활을 계속할수록 나는 깨닫는다. 이토록 외진 곳에서 살아도 사회와 나는 깊이 연결되어 있으며, 이런 자유를 누리는 일 역시 자본주의하에서 가능하다는 것을. 숲속에서 내가 뼛속까지 자본주의자라는 사실을 깨달은 셈이다. 나에게 소중한 것이 무엇인지 정확하게 알고 있다면 자본주의는 내 멋대로 살아가기에 가장 좋은 제도다.

어디에 있든, 어떤 방식으로 살든, 나만의 방식으로 삶을 음미하는 법에 대해 말하고 싶었다. 모두가 자신의 일상이 갖고 있는 위대함을 남김없이 캐내어봤으면 했다. 우리에게는 생각보다 많은 자유가 있다. '어차피 사는 건 이런 거야.' 그런 포기만큼은 내 삶에서 절대 용납하지 않겠다는 것이 바로 인생의 골수를 남김없이 먹겠다는 소로의 말에 담긴 의미일 것이다. 그렇게 내 삶이 성공과 실패로 평가되는 것이 아니라 내 것이 되고, 나만의 이야기, 나만의 의미, 나만의 배움이 된다. 그 삶을 예민한 시선으로 발견해내는 방법을 이 책에 담아봤다.

차례

| 프롤로그 | 골수를 맛보는 삶 ∘ 4

| 1장 | 제철에 블랙베리를 따는 삶

| 5장 | 투명해질 때만 보이는 것들

제철에 블랙베리를 따는 삶

A Capitalist in the Woods

시골에서
자본주의 활용하기

나는 일주일 중 이틀은 집에서 빵집을 연다. 그 자리에서 통밀을 갈아 갓 만든 밀가루에 물, 소금, 올리브유, 그리고 이스트를 넣어 발효 빵을 만든다. 이스트를 최소화하기 위해 하루 넘게 숙성시킨다. 믹서기는 없고, 손으로 직접 반죽을 한다. 명상하듯 오늘의 온도와 습도를 느끼며, 거기에 맞춰 빵을 굽는다.

번거롭기보다는 즐겁다. 이런 빵을 처음 굽게 된 것은 빵 공부를 하며 통밀이 가는 즉시 산화가 된다는 것을 알고 나서였다. 밀배아의 지방 때문인데, 그래서 배아를 분리한 흰 밀가루가 주류가 됐다. 직접 간 통밀가루로 만든 빵은 맛도 고소하지만 몸도

편하게 받아들인다. 그래서 '기왕 만들어 먹는 거, 팔 수도 있으면 좋겠네' 하면서 빵집을 시작했다.

그래서 장사가 잘 되느냐고? 보통 하루에 두 사람, 많으면 세 사람이 온다.

내 빵집의 목표를 되새겨준 건 맥도날드였다. 예전에 패스트푸드와 콜라가 건강의 주적으로 몰리면서 맥도날드 매출이며 주가가 폭락했던 시절이 있었다. 사람들은 맥도날드가 곧 망할 거라고들 했다. 그러자 맥도날드에서는 샐러드며 과일 주스 등 상대적으로 건강한 메뉴를 추가하고 화려하게 부활했다. 그런데 새로운 모습의 맥도날드를 찾은 소비자들은 여전히 빅맥을 샀다. 사람들은 누구나 머리로는 건강을 챙기려고 하지만 막상 지갑을 여는 순간에는 빅맥을 주문했던 것이다.

사람들의 그런 마음을 알기에 보통의 빵집이라면 건강한 빵도 팔지만 달콤한 쿠키도 판다. 하지만 내가 빵집을 시작한 건, 내가 굽고 싶은 빵을 사는 사람이 있는지 궁금했기 때문이었다. 이 빵을 다른 누군가도 신이 나서 먹어줄지 알고 싶었다.

외식사업가 백종원이 한 TV 프로그램에서 이런 말을 했다. "대박 식당이라고 해서 찾아가면, 아주 가끔 이런 경우가 있어요. 맛이 전혀 대중적이지 않은 경우요. 사실 맛이 별로 없는데, 손님이 많아서 이상하게 생각하죠. 이런 식당은 오랜 시간을 버틴 거예요. 그렇게 오래 버티면 아무리 특이한 맛이라도 찾는 사람이 결국엔 생기게 되죠. 문제는 그렇게 오랜 시간을 버틸 수 있느냐예요."

그래서 나도 오래 버티려면 얼마가 필요한지 계산기를 두드려보았다. 목적의 우선순위가 생긴 다음에 돈의 문제는 초등학교 산수만큼 간단하다. 빵이 하나도 안 팔려도 버틸 수 있는 돈은 얼마인지를 계산했다. 일단 월세를 내지 않고 소유할 수 있는 공간을 찾았다. 우리가 가진 돈에 맞추다 보니 지은 지 110년 된 시골집이었다. 그다음은 고정비용 문제였다. 재산세와 공과금, 그리고 재료비. 계산해보니 2~3년 정도는 버틸 수 있었다. 마지막으로 빵을 굽고 파는 데에 일주일에 몇 시간을 써야 우리에게 즐거움이 되는지 알아야 했다. 하루에 5시간씩 이틀을 열고 추가로 하루 반나절 더 일을 하면 된다. 이렇게 계산해보니 대형 오븐이나 믹서 같은 상업용 베이킹 도구도 사지 않게 되었다. 시설에 투자하면 그 돈을 회수하기 위해 오랜 시간 돈을 벌어야 한다. 더 중요한 것은 내 손으로 반죽을 만지는 즐거움과 작은 오븐에서 한 번에 구워지는 네 개의 빵을 하나씩 관찰하는 재미에 있었다. 그러니까 빵을 굽고 파는 일이 창조적인 기쁨, 놀이의 즐거움이 되는 선에서 멈춰야 한다.

게다가 내 빵을 좋아하는 고객을 찾는다면 그 자체로 큰 기쁨이 된다. 그날그날 밀을 갈아서 하루 넘게 숙성시킨 통밀 빵은 일반 빵집에서 취급하기 힘들기 때문에, 나는 좀처럼 구할 수 없는 특별한 무언가를 제공하고 있는 셈이다. 또 돈을 내고 사간다는 사실이 중요하다. 자본주의 사회에 속한 현대인이 지갑을 여는 행위는 신 앞의 고백만큼이나 진실된 마음이다.

여기까지 읽은 사람들이라면 다들 궁금해졌을 것이다. 그러면, 대체 우리 가족은 어떻게 먹고살고 있는 걸까?

우리 부부는 현재 정규 직장이 없다. 내가 박사학위를 마치던 2013년 남편은 갑자기 퇴직을 선택했다. 그의 나이 마흔이었다. 그렇다고 내가 교수가 되지도 않았다. 막상 박사학위를 받고 보니 공부는 재미있었지만 나는 미국 교수의 핵심 업무인 연구 사업을 따오는 일에는 전혀 관심이 없었다. 그래서 우리는 둘 다 은퇴했다. 그때 첫째는 초등학생이었고 둘째는 아직 취학 전이었다.

은퇴나 시골 생활을 준비했던 것이 아니었다. 쓰기만 하고 살아도 될 만큼 돈을 모아둔 건 절대 아니었고, 그렇다고 자연 속에서 자급자족 경제를 일궈보자는 거창한 목표도 없었다. 단지 우리는 전과 같은 모습으로 일하기 싫었다. 그래서 우리의 은퇴

생활은 하나의 실험이 됐다. 정기적인 임금노동에 종사하지 않고 하고 싶은 일만 하면서도 생존할 수 있을까? 불가능하다면 그때 복귀하기로 했다. 그리고 더 적은 생활비로 살 수 있는 곳을 찾아 시골로 온 것이다.

그리고 7년, 아직 괜찮다. 그렇다고 나니 우리 가족이 자본주의에서 독립했다는 건 아니다. 오히려 자본주의가 줄 수 있는 가장 좋은 것들을 취하며 살고 있다. 평범한 개인이 아무리 덜 쓴다 한들 삶을 충만하게 하는 일만으로 채워진 일상을 살 수 있게 해준 것은 인류역사상 자본주의밖에 없었다. 우리에게는 좋아하는 일을 할 시간이 있다. 책 읽고, 글 쓰고, 가족과 시시콜콜한 이야기를 하면서 웃고, 만나고 싶은 사람이 있으면 당장 만날 수 있는 시간이. 자본주의의 엄청난 생산성이 무르익기 전, 단지 굶지 않고 살기 위해서 전력을 다해야 했던 시대에는 소수의 귀족에게나 허락되었던 것이다.

이제는 제목을 떠올릴 수 없는 어느 책에서 읽었던 일화가 있다. 미국의 어떤 인류학자 부부가 오지로 현지 연구를 하러 갔다. 그들은 서양 연구자들이 원주민을 착취한다는 비난을 의식해서 자신들도 정직한 노동을 하고자 현지인과 같은 생활을 하기로 결심했다. 부부는 매일 몇 시간을 걸어서 물동이에 물을 가득 싣고 와야 했고, 불씨를 꺼뜨리지 않기 위해 하루 종일 주의를 기울여야 했고, 야생에서 먹을거리를 채취하고 손질하고 저장해야 했다. 이런 생활을 한동안 이어가며 그들은 연구 기록을 남기고, 논문을 쓰고, 연구 기관에 제출할 각종 서류 준비할 시간은 영원히 없으리라는 사실을 알아차렸다. 부부는 이때부터 원주민들에게 돈이나 본국에서 가져온 물건들을 제공해 생활하며 연구를 위한 시간을 확보하기 시작했다. 원주민을 공부하려던 부부는 그들의 창조적인 연구 활동이 개인의 것이기 이전에 자본주의 체계에 속한 것임을 깨달았다.

우리 4인 가족은 비교적 적은 돈으로도 굶주림과 거처 같은 일차적인 생존 문제가 해결되는 사회에 사는 이점을 한껏 누린다. 서울에서라면 방 한 칸 구하지 못할 돈으로 산 허름한 미국 시골집에 살면서, 무척 단순한 식생활을 한다. 돈을 많이 벌 필요가 없기에 돈과 즐거움이 하나된 삶의 방식을 만들 수 있었다. 한마디로 우리가 즐거울 만한 일을 통해서만 돈을 버는 것이다.

그 자체가 목적이 아닐 때 돈은 우리의 내밀한 욕망과 감정을 표현하고 사람과 사람을 연결하는 수단이 된다. 이메일 구독 서비스도 누군가 내 글을 읽기 위해 돈을 지불했다는 사실에 커다란 기쁨을 느낀다. 사적인 사고와 경험을 녹여서 누군가에게 돈을 지불할 만한 가치가 있는 글로 만드는 일은 돈을 버는 행위이기도 하지만 나를 표현하는 창조 행위이기도 하다. 남편 역시 기고하거나 번역을 하기 위해 밤을 새우는 날들이 자주 있다. 기자로서 글을 쓸 때보다 더 진지하고, 더 정성을 들인다. 기자일 때는 업무의 연장이라며 술도 마시고 만나기 싫은 사람도 만나야 했는데, 지금은 진짜로 쓰고 싶은 글에만 에너지를 집중한다. 내가 옆에서 "힘들면 그만둬"라고 하면 "힘든데 재미있어"라고 답한다. 남편이 기자를 할 때는 그렇게 쉽게 그만두라고 말하지 못했다. 지금보다 돈을 훨씬 더 많이 벌었으니까. 대신 노는 것, 소비하는 것은 별개였다. 이메일 구독 서비스나 남편의 기고 활동을 쉽게 그만둘 수 있는 것은 돈을 적게 벌기 때문인데, 대신 따로 놀 거리를 찾아서 시간과 돈을 쓸 필요가 없다. 이제 우리의 일상은 인내하며 생산하는 것과 소비하는 즐거움으로 나뉘지 않는다. 생산을 하면서 즐거울 수 있는 일을 한다.

우리 가족의 경제 활동의 기준을 생각해봤다.

동물적인 생존을 해결한 후에는 무엇을 하고 싶을까? 생산 과정에서 부품이 되거나 소모되는 게 아니라, 생산 과정을 놀이로 만들 수 있을까? 돈을 버는 과정이 나를 나답게 하는 창조의 행위가 될 수 있을까?

우리가 이 답을 찾으리라고 기대하지는 않는다. 이런 질문을 던지며 살아갈 뿐이다.

세상에서
제일 게으른 농사꾼

우리 가족에게 여름은 야생 블랙베리를 따는 계절이다. 그중에서도 8월, 9월 두 달은 틈날 때마다 따도 도무지 다 딸 수 없을 정도로 많은 블랙베리가 열린다. 집 주변을 뒤덮은 야트막한 블랙베리 나무들에는 제법 잔가시가 있어 여름 내내 온 가족의 팔다리와 손에 상처가 가시지 않는다. 냉동실을 완전히 비우고 베리로만 채우면 최소 반 년 넘게 모두 하루 한 컵씩 먹을 수 있다. 좀 더 열심히 땄다면 일 년어치도 충분할 것이다. 그렇지만 심심할 때만 딴다. 재미있다고 느껴질 때까지만.

이런 마음을 먹을 수 있는 것도 내가 직접 심고 가꾸지 않아서

다. 어차피 거저 얻은 거니까 마음이 너그러워진다. 내가 직접 농사 지은 것이었다면 돈을 떠나서 기를 쓰고 수확하고 수확량에도 엄청나게 신경 썼을 것이다.

얼려둔 베리를 먹는 동안에는 마트에서 과일을 사지 않는다. 맛은 무척 단단하다. 마트 과일처럼 무작정 달지 않다. 따는 장소나 시기에 따라서 맛이 달라진다. 자라난 흙과 공기와 햇살이 블랙베리만의 방식으로 표현된 것 같다. 이렇게 야생에서 채취한 식물과 과일은 맛이 있거나 없다고 말할 수 없다. 단지 내가 서 있는 이 땅과 공기와 물과 이 작물이 보낸 시간의 맛을 갖고 있을 뿐이다. 그늘에서 자란 과일은 더 크고, 습한 곳에서 자란 과일은 더 달다. 블랙베리 나무들은 암수가 구분되는데, 해가 많이 드는 곳에는 수나무의 가지가 열매를 덮어서 그늘을 만들어준다. 이렇게 블랙베리를 따 먹으면서 그 열매를 생산한 하늘과 땅을 찬찬히 보고 있으면 내가 맛을 보는 게 아니라, 자연 속에 녹아드는 것 같다.

이 블랙베리 가득한 곳은 미국 워싱턴 주, 시애틀 근교의 시골이다. 처음 이사 올 때만 해도 우리가 꿈꿨던 것은 작고 소박하지만 그림 같은 농가 주택과 유기농 농장과 아름다운 정원과 염소 두어 마리, 닭 열 마리가 아기자기 어울려 노는 풍경이었다.

현재 우리가 살고 있는 집은 이동식 조립 주택이다. 튼튼하지만 부동산으로서의 가치가 없어서 주택 보험 가입도 거절당했다. 그렇다고 주변 집들보다 싸게 산 건 아니다. 집은 한없이 초라하지만 숲과 실개천이 있을 정도로 부지가 넓다. 원래 이 땅은 이동 주택을 철거하고 숲을 깎아서 주택 단지를 만들 예정이었다. 투자 과정에서 자금이 막힌 전 주인이 울며 겨자 먹기로 사업을 중단하고 포기한 땅을 우리가 산 것이다. 이런 훌륭한 환경 보호라니, 자랑스러운 마음으로 이 땅을 샀다. 물론 그런 멋진 철학을 실천하려던 것은 아니고, 마음에 드는 곳을 골랐더니 우연히 그렇게 된 것뿐이다. 이렇게 넓은 땅을 우리가 가진 자금 안에서 구하려면 집이 허술한 건 받아들여야 했다. 우리 계획은 앞으로 돈을 열심히 벌어 진짜 집을 짓는 것이었다.

도시인과 직거래하는 유기농 농장을 만들어서 돈을 벌 생각이었다. 그래서 도시에서 가까운 땅을 찾았던 것이다. 지금 생각해도 정말 좋은 계획이다. 미국 식품 산업은 최대한 저렴하게 생산해 칼로리만 집약적으로 높이는 방식을 기본으로 하기에 음식다운 음식은 프리미엄이 높다. 글루텐 프리, 채식주의, 로컬 음식 등은 미국에서는 정치적·사회적 계급의 지표와도 같다. 음식을 인간이라는 기계의 연료 정도로만 취급하는 미국 문화에 대한 반작용이다. 우리가 사는 곳에서 가까운 대도시인 시애틀은 그런 반문화를 자신의 정체성으로 삼는 부자들이 많은 도시이기도 하다. 그래서 온갖 가축을 기르고 작물을 생산하는 농부들을 직접 만나 농사부터 판매 방법까지 배웠고, 남편은 그런 유기농 농장에서 인턴으로 일하기도 했다. 나는 혹시 몰라 옷 만들기, 비누 만들기, 집 짓고 고치기까지 배웠다. 하지만 우리가 미처 계획에 넣지 못한 것은 우리 자신의 변화였다.

친환경적인 농사를 지어보자고 뜻을 모으고, 그다음 가축 도살까지는 못해도 달걀이나 우유 정도는 직접 생산하자고 다짐했는데 농사 단계에서 깨달았다. 친환경적인 농사는 없다. 농사는 원래 환경 파괴를 기본으로 한다. 자연 상태라면 함께 존재해야 할 다양한 생물 개체들을 인간이 먹고 싶은 몇 가지로 줄이는 행위는 이미 부자연스럽다. 이런 깨달음을 얻게 된 건, 사슴과 토끼와 두더지와 민달팽이 덕분이었다. 무엇을 심어도 재빠르게 초토화시키는 녀석들이었다. 나눠 먹을 수 있을 만큼 많이 심어도 소용없었다. 귀신같이 새순만 뜯어 먹었기 때문에 어떤 작물도 충분히 자랄 기회를 얻지 못했다.

담을 치고, 약을 뿌리고, 철사로 망을 두르는 방법도 있었다. 이 방법을 포기한 건 환경오염 때문도, 돈 때문도 아니었다. 증오심 때문이었다. 이 동물들에 대한 증오심은 세상에 태어나서 한 번도 느껴보지 못했던 무시무시한 감정이었다. 도시에서 나를 피로하게 만든 무례한 인간, 층간소음, 비열한 상사, 경제적 빈곤과는 비교도 할 수 없이 강렬한 절망감이었다. 사실 이 동물들이 파헤친 작물을 돈으로 따지면 소소했다. 그런데도 이 동물들을 당장 죽여버리고 싶었다. 피가 머리 꼭대기로 몰리면서 관자놀이가 방망이질할 만큼 분노가 치밀었다. 담을 치고 독약을 뿌리면서 이런 분노를 품고 살아야 한다면, 차라리 도시에서 내 집이나 열심히 지키면서 훨씬 순한 마음으로 사는 게 낫다는 생각이 들었다. 돈을 벌어도 도시에서 버는 게 더 쉬웠다. 굳이 농사를 짓고 싶다면 방법이 없는 건 아니었다. 예를 들어 과일나무에 하나씩 망을 둘러주는 것이다. 하지만 그쯤 되면 나무를 아낀다는 마음보다는 내가 먹을 것을 지키기 위해 투쟁하는 마음과 나를 이렇게까지 귀찮게 하는 사슴을 격렬하게 미워하는 마음이 훨씬 커져 버린다. 그것보다는 도시에서 사람들과 부대끼며 돈을 버는 정성이 더 숭고했다.

그래서 우리는 사슴을 증오하며 농사를 짓는 대신 사슴처럼 살기로 했다. 야생 채집을 공부했다. 팔 만한 것을 경작하는 대신, 준 야생 상태의 텃밭을 꾸리고 채집을 하면서 먹고살아 보기로 한 것이다.

준 야생 상태의 텃밭이란 이런 것이다. 텃밭에 씨앗이나 모종을 심을 때가 되면 부지런히 심는데, 그 후 가뭄이 들든 벌레를 먹든 철저히 내버려두고 나중에 먹을 수 있는 것만 골라 먹는다. 그래서 인근의 야생동물이 건들지 않는 깻잎이나 허브류, 호박류, 방울토마토 등을 많이 심는다.

가끔씩 내킬 때마다 흙을 파는 것은 모든 감각이 즐거워지는 일이다. 본격적으로 농사를 짓는 땅은 농약을 안 주더라도 비료나 퇴비를 뿌렸기에 진짜 흙이라고 할 수 없다. 자연 상태로 내버려둔 땅은 파기만 해도 행복해진다. 따뜻한 온도와 적당한 축축함, 향긋함에 황홀하기까지 하다. 알아보니 온갖 미생물이 들끓는 진짜 땅에는 인간의 뇌의 행복감을 높이는 미생물이 있다고 했다. 폐병에 흙냄새를 맡는 전통 요법도 있었고, 흙 안의 미생물을 배양해서 약으로도 만든다. 식물학자 호프 자런의 책 『랩 걸』에는 땅 파는 이야기가 많이 나온다. 농사가 아니라 실험용 샘플을 채취하려는 거라 늘 자연 상태의 땅을 파는 그녀는 땅 파는 일의 순수한 기쁨을 계속해서 찬양한다. 인간은 생물학적으로도 땅을 파면서 행복감을 느끼게 되어 있나 보다. 자연 상태의 땅에는 음식물 쓰레기를 묻어도 한두 달만 지나면 흔적도 없이 사라지고 보드랍고 향긋한 흙만 남는다. 살아 있는 흙은 그야말로 청정하다.

이렇게 이따금 흙을 만지며 놀고, 또 때가 오면 사슴처럼 블랙베리를 딴다. 그런데 우리 부지를 뒤덮은 블랙베리 나무들은 미국 토종이 아니다. 유럽이나 아시아가 원산지인데, 정원용으로 수입했던 나무가 담을 넘어 번식하더니 이제는 이 지역 전체를 뒤덮어 골치 아픈 잡초로 분류되었다. 원산지에서는 추운 겨울 날씨 때문에 개체 수를 적당히 유지할 수 있는데, 이곳은 겨울 기온이 온난하고 천적이 없어서 정말이지 불붙듯 퍼져나간다. 다들 약을 쓰고 농기계를 동원해가며 밀어버리기 바쁘다. 우리는 그 외에도 온갖 잡초들이 마음껏 우거지는 이곳에서 먹을 수 있는 것들을 찾아 먹는다.

그렇게 7년째 해온 일이지만 블랙베리를 따는 일은 정말 어리석은 짓이다. 가시에 찔려 상처가 많이 나기도 하고, 따고 씻고 얼리는 작업에 들이는 시간을 따지면 경제적 가치로는 최저시급에도 한참 미치지 못한다. 그렇지만 블랙베리를 따는 순간이야말로 내가 이 지구와 얼마나 강하게 연결되어 있는지, 내가 지구상 모든 생명체와 얼마나 가까이 맞닿아 있는 관계인지를 오감으로 느끼는 시간이기도 하다. 반드시 내 손으로 내가 먹을 것을 채취해야 한다. 그래야만 자연이 아름답고 거대하다는 단순한 깨달음을 넘어, 내가 먹고 생존하는 터전이 바로 이곳이라는 것을 온몸으로 느낄 수 있다.

이 느낌에 좀 더 깊이 심취했던 청년이 있었다. 존 크라카우어의 저서 『야생 속으로』는 크리스 맥캔들리스라는 청년의 실제이야기다. 이 청년은 인간의 환경 파괴, 부조리, 탐욕을 등지고자연과 함께하기 위해 길을 떠났다. 실로 아름다운 청년이었다. 알래스카에 버려진 버스 하나를 발견한 청년은 그곳을 집 삼아주변에서 수렵과 채집을 하고, 책을 읽고 글을 쓰면서 살기를 꿈꿨다. 『월든』을 지은 소로를 비롯한 자연주의자들의 철학에 심취했고 자신의 모든 행동과 삶을 통해 실천하기를 원했다. 그러나 그는 몇 개월 만에 죽고 만다.

이 청년의 사인에 대한 아주 중요한 논쟁이 지금도 계속되고있다. 책에서는 이 청년이 알래스카 자연에 대한 지식이 부족했고, 독초를 잘못 먹어서 죽었다고 설명한다. 하지만 논쟁의 다른 편에서는 죽음의 원인이 아사라고 주장한다. 즉 굶어 죽었다는 것이다. 크리스는 어느 날 갑자기 알래스카로 떠난 것이 아니라 몇 해에 걸쳐 야생에서 살아남는 법을 연습했고 공부했다. 그리고 크리스가 먹었다고 여겨지는 독초는 그가 사망한 여름에는유사한 식용식물과 확연하게 구분되기 때문에 실수할 리 없었다. 만약 이 독초를 먹었다 하더라도 정상적인 몸무게와 영양 상태였다면 죽음에까지 이르지 않았을 것이다.

이 사인에 대한 논쟁이 왜 중요할까? 단지 크리스가 젊은이다운 패기만 가지고 덤볐다가 어처구니없는 실수로 허무하게 죽었다는 누명을 벗기려는 뜻은 아니다. 그보다 더 중요한 철학적인 질문을 하기 때문이다. 인간은 어떻게 생존하는가? 답은 간단하다. 먹어야 한다. 여기에 인간 존재의 본질이 숨어 있다.

존 크라카우어가 크리스의 일기장을 바탕으로 구성한 일화 하나를 살펴보자. 어느 날 배가 고픈 크리스는 챙겨 온 총을 가지고 덩치 큰 물소를 사냥하는 데 성공한다. 영화에서라면 그 순간 모든 문제가 해결됐을 것이다. 하지만 크리스가 처한 현실은 달랐다. 눈앞에 잡아놓은 이 거대한 식량의 껍질을 벗기고 뼈와 살을 바르고, 자르고, 옮기고 저장하는 모든 일을 혼자 하는 것은 무리였다. 크리스는 겨우 구한 식량이 한여름 날씨에 급격하게 썩어가는 것을 속수무책으로 구경할 수밖에 없었다. 크리스의 일기장은 점점 자연주의 철학이 아니라, 배가 고프다는 호소와 먹을거리를 어떻게 확보할 수 있을지에 대한 걱정으로 가득 채워진다.

이 논쟁을 접한 것은 자연주의 철학 책이 아니라 야생식물 채집과 관련된 가이드북에서였다. 야생식물을 공부하면서 실제 채집에 나서는 사람들에게 자연은 잠시 휴식을 취하는 곳이 아니라 생존을 지탱해주는 먹을거리다. 그러나 자연의 먹거리에 대한 지식이 늘어날수록, 인간은 혼자서 야생에서 생존할 수 있는 동물이 아니라는 것을 깨닫게 된다. 맹수의 공격 때문이 아니라도, 인간에게는 생존에 필수적인 칼로리를 채우기 위해 함께 협동하는 사회가 필요하다.

우리가 블랙베리를 따는 시간에도 마찬가지다. 나라는 동물, 인간이 어떻게 군집 생활로만 생존할 수 있는지, 그리고 그 군집 생활은 자연에서 칼로리를 추출하는 공동의 과정이라는 뼈아픈 깨달음을 얻는다. 블랙베리를 따는 일의 의미는 그 열매가 몸에 좋고 맛이 좋아서가 아니라 우리가 딴 블랙베리의 양이 얼마나 초라한지 몸소 경험하는 데 있다. 블랙베리를 따고 있으면 주변 풀이 스스스 갈라지는 소리가 들린다. 극도로 긴장된다. 날아다니는 벌레, 기어 다니는 벌레, 뱀, 토끼, 별게 다 튀어나온다. 그럴 때마다 심장이 쿵 떨어져 괴성을 지르며 블랙베리 바구니를 집어 던지고 달아나곤 했다. 몇 번 그렇게 흙 묻은 블랙베리를 주워 모은 다음부터는 이제는 소리를 지르고 달아나더라도 바구니는 꼭 끌어안는다.

사슴을 미워해도 보고, 사슴처럼 살아도 보며 깨달았다. 나는 사람이라서 살아 있다. 야생 사슴의 평균 수명은 생물학적으로 가능한 것에 비해 엄청나게 짧다. 굶어 죽거나 잡아먹히거나 사고를 당하기도 한다. 인간이 한때 그랬듯 말이다. 나 역시 사슴처럼 순수하게 야생에서 나를 지키며 먹고살아야 했다면 지금의 몇 배나 열심히 살고도 이미 오래 전에 인생을 마감했을지도 모른다. 하지만 나는 마트에 갈 수 있다. 내 노동으로는 절대 거둘 수 없는 양과 질의 음식을 저렴한 가격에 살 수 있다. 굶주림과 천재지변을 두려워하던 과거의 인류가 모여 문명을 이루고 대량 생산을 발견한 덕이다.

그렇기에 무수히 많아진 인간들이 자연을 위해 해야 할 일은 도시에 살며 아파트에 거주하고 대량생산으로 에너지 효율을 높인 식량을 먹는 것일지도 모른다. 햇볕이 조금도 들지 않는 공장에서 생산되는 샐러드 채소를 예로 들어보자. 이 채소를 땅에 심어서 키우려면 어마어마한 토착 생물들을 없애야 하고, 값비싼 농기계를 사용해야 하며, 엄청나게 넓은 경지를 필요로 한다. 아파트도 그렇다. 아파트에 살면 열효율이 훨씬 높고 차량 운행이 줄어든다. 하지만 내가 꿈꾸던 것처럼 그림 같은 주택을 짓고 유기농 농장을 꾸리려면 야생동물을 막을 담을 세워야 한다. 그 담이 땅에서 썩지 않으려면 방부 처리를 해야 하는데, 이 약물은 독극물이며 땅에 스며든다. 유기농 농장이 유기농 농장일 수 없게 된다. 그래서 방부 처리하지 않은 나무를 사용하려고 하면, 몇 년마다 큰 비용과 힘을 들여 담을 갈아주어야 한다. 차라리 농사를 짓지 않는 게 경제적으로 이득일 정도다.

나는 여전히 즐겁게 야생 채집을 한다. 봄에는 블랙베리 나무의 새순과 야생 고사리와 쐐기풀을 대량 채집한다. 그리고 심심할 때마다 따 먹는 야생 잡초들도 많다. 뿌리류도 많은데, 뿌리는 땅을 파서 흙을 제거하는 과정이 실은 무척 힘들다. 그래서 이건 공부만 열심히 해놓기로 했다. 혹시 세상이 망하면 파먹어야지, 생각하면서.

사슴을 미워하기 싫어 시작한 야생 채집은 내 삶을 의외의 방향으로 바꿔놓았다. 먼저 돈을 주고 음식을 사 먹을 때 비싸다는 생각이 안 든다. 뭐든 먹으면 내가 살겠다는 생각에 누구에게랄 것도 없이 고마운 마음만 든다. 유기농이나 고급 식재료만 숭배하고 불량식품, 가공식품, 패스트푸드, 공장제 식재료를 기피하던 마음도 없어졌다. 그런데도 나쁜 건 절대 안 먹겠다고 다짐하던 예전보다 이런 식품들을 먹는 일 자체가 크게 줄었다. 무언가를 미워하는 마음은 내가 그것과 얼마나 가까운지를 말해준다는 것도 그렇게 알게 됐다.

야생에서 자란 것들을 맛보고 나면, 아무리 흔한 농작물이라도 그 근본적인 맛이 궁금해진다. 건강을 챙긴다는 등 굳이 사회적·경제적 의미를 통하지 않고도 직접 그런 본연의 맛에 다가가고 싶은 호기심이 발동한다. '맛있음'을 구하는 것이 아니라 본래의 맛, 자연이 만든 상태에서의 맛이 알고 싶어진다.

그다음 기이한 효과가 발생한다. 생활비가 줄어든다. 돈을 악착같이 모으려고 이를 악물었던 때가 있었다. 돈을 잘 모으긴 했는데, 마음은 늘 지쳐 있었다. 지금은 그렇게 피곤한 마음 없이 저절로 돈을 덜 쓰게 된다. 텃밭의 농작물이나 야생 먹거리만으로는 소비가 그다지 줄 수 없다. 맛에 대한 마음이 넓어지니까 맛을 더하는 노력을 안 하게 되고, 그러면서 양념류도 안 사고, 식자재도 별로 안 사는 게으른 야생 채집인이 되었다.

먹는 데만 돈을 덜 쓰게 되는 게 아니다. 크고 작은 물건을 사들이거나 여행비나 오락비를 쓰는 등 무엇이든 돈을 쓰는 데 게을러진다. 무언가를 사려는 마음이 대부분 나중의 필요에 대비하려는 심리였음을 알게 됐다. 그런 심리는 인류의 90퍼센트 이상이 농사를 짓고 식량을 저장해야 생존할 수 있었던 시대로부터 내려온 마음의 습관이다.

마지막으로 집다운 집을 짓겠다거나 아름다운 정원을 가꾸겠다는 욕망이 사라진다. 사슴처럼 나도 자연스러운 상태로 살겠다는 마음이 된다. 어딘가를 내 땅, 나의 집으로 뿌리를 내리고 살아야겠다는 생각도 없어진다. 내가 식물이 아니고 동물인데, 왜 뿌리를 내리려고 했을까? 내가 사는 동안은 내가 사는 곳이 가장 좋은 곳이고 그게 아니라면 어디로든 갈 것이다. 그러려면 아름다운 집이 짐이 된다.

나는 오늘도 내 생존에 필요한 최적의 쾌적함과 행복의 균형점을 찾으면서 산다. 따라서 전기도 쓰고, 비닐 봉투도 쓰지만 죄책감을 느끼지도 않고, 그렇다고 "나는 그나마 남들보다 훨씬 조금 쓰는 거야"라고 생각하지도 않는다. 환경을 지키는 사람과 파괴하는 사람이 따로 있다고 생각하지 않게 됐다. 공장에서 열심히 음식이 만들어지는 것도 나의 행동의 일부일 것이다. 우리는 모두 연결되어 있으니까. 우리 모두의 행동이 합쳐져서 인간의 멸종을 부른다면 그것도 지구 전체에게는 더 좋은 일일지 모른다. 하지만 그런 일은 원치 않으니 최선을 다해서 나의 전략대로 열심히 살아남으려고 노력한다. 그것이 어쩌다 보니 이런 모습이 됐다. 오늘 음식을 먹고, 그것이 내가 아닌 무언가와 연결되는 일임을 가장 열심히 인식할 때, 나는 비로소 살아 있다.

생활비
100만 원

우리 4인 가족의 한 달 생활비는 100만원 정도다. 우리가 사는 곳은 서울과 물가가 비슷하다. 나도 이렇게 돈을 조금 쓰는 게 사실인가 의아해서 확인하려고 3년째 지출 내역을 10센트까지 모조리 기록하고 있다. 코로나 전에는 큰애가 하고 싶다는 발레와 조정 강습료로 25만 원(200달러) 정도가 더 들었다. 얼마 전 정전이 돼서 작은 호텔에 피난 갔을 때와 같이 1년에 한두 번 숙박 나들이를 하거나, 큰애가 차 범퍼를 박아서 60만 원을 지불해야 했던 달 같은 경우에는 생활비가 150만 원까지 올라가지만 대부분 80만 원쯤 쓰고 끝난다. 이런 변수를 포함해 평균적으로

100만 원이다.

구체적 내역은 다음과 같다. 통신비는 약 10만 원이다. 미국은 땅이 넓어서 그런지 통신비가 한국의 같은 서비스와 비교하면 두 배다. 가장 기본적인 서비스를 쓰고 있다. 스마트폰은 없고, 통화와 문자만 되는 2G 휴대폰 두 대를 네 식구가 나눠 쓴다. 옛날에 한 가정에 전화가 한 대만 있었던 시절처럼 서로 전화도 바꿔주고, 메시지도 전달해준다.

공과금도 얼마 안 된다. 전기세는 여름에는 2만 원, 겨울에는 15만 원이다. 에어컨은 없고 난방, 급수, 취사 모두 다 전기다. 도시가스나 프로판가스는 없다. 수도세와 상하수도비용은 전혀 안 든다. 물은 우물물이고 정화조를 이용한다. 이 인근 주택들은 모두 같은 시스템이다. 4, 5년에 한 번씩 정화조 청소 서비스를 받아야 하는데, 한 번에 20~30만 원이 든다.

유류비는 15만 원보다 조금 덜 나오는 편이다. 그 외 보험과 등록비, 오일 교환비 등을 포함해 자동차 유지에 드는 비용을 월평균으로 따져보면 10만 원쯤 된다.

그럼 4인 가족의 식비는 얼마일까? 40만 원이다. 처음 시골에 왔을 때는 매월 150만 원 정도를 썼다. 평범한 도시 가족처럼 썼다. 일주일에 한두 번 외식을 하면 한 달에 40만 원은 들었다. 커피 원두도 사다 내리고, 1만 원 내외의 와인도 사 마시고, 가끔은 스타벅스도 가고, 빵도 코스트코에서 대용량으로 사기도 하지만 프랑스식 빵집이나 베이글 전문점에서 구입하기도 했다. 미국은 무상 급식이 아니라 아이도 일주일에 서너 번은 학교에서 점심을 사 먹었다. 현재 이 모든 것에 한 푼도 쓰지 않는다. 게다가 시골에서 이것저것 뜯어 먹었더니 입맛이 굉장히 관대해져서 제철 채소를 찐 것이 반찬의 전부인 날도 많다. 그랬더니 식비가 한 달 평균 40만 원으로 줄어버렸다.

돈을 아껴 쓰거나 생활비를 줄이려는 목표를 가진 적은 없었다. 나 역시 자본주의 안에서 나고 자란 평범한 사람이라 예나 지금이나 '돈으로 행복을 살 수 있다'는 기본 전제에 반대하지 못한다. 돈이 없으면 불행해지는 것을 부정할 수가 없고, 그렇지 않은 사회의 모습을 상상하기 힘들다. 돈은 제2의 공기나 물과 다름이 없으니까. 아이를 낳고 나자, 그 압도적인 존재감은 일상 틈틈이 파고들었다. 아이가 없을 때는 기사와의 대화가 귀찮아서라도 택시를 타지 않고, 주차난과 교통 체증이 싫어서 운전을 피하던 내가 작은 아이 하나를 안고 있으면 택시라도 타야 했다. 그렇지 않으면 아이가 예뻐 보이지 않았다. 돈의 위력에 공포마저 느꼈다.

돈이 이토록 중요하기 때문에, 꼭 알아야 했다. '우리의 행복을 사고, 우리 삶의 가치를 높이는 데에 반드시 돈이 필요한데, 도대체 그게 얼마인가?' 이 질문을 시작한 게 약 15년 전, 큰아이 돌 무렵이다. 돈에 대한 경외심과 공포감이 극에 달했던 그때는 소비를 줄이겠다거나, 시골에서 살겠다는 것은 꿈에도 생각하지 않았다. 남편 혼자 비는 수입으로는 살아가기에 부족할 것 같다는 막연한 느낌은 드는데, 도대체 얼마를 더 벌어야 하는지 알수가 없어서 막막했다. 당시 계획은 하나였다. 우리가 얼마를 벌어야 하는지 알고 나면, 그다음에 거기에 맞춰서 돈을 벌 궁리를 하겠다. 금융기관에서 은퇴 설계를 해줄 때 한 달 생활비를 가정하듯 말이다. 몇 달만 지나면 금방 알게 될 줄 알았다.

그런데 이걸 아는 데 10년이나 걸렸다. 정확히 숫자로 알게 된 것도 아니지만 확실하게 깨달은 건 있다. '그렇게 많은 돈이 필요한 건 아니구나, 공포를 느낄 만큼은 아니구나.' 돈이 중요하지 않다는 것이 아니다. 오히려 돈을 통해서 이 세상의 풍요를 더 많이 누릴 수 있다는 것을 깨달았다. 그러니 여기서 하려는 이야기는 우리가 지금 살아가는 한국이나 미국 현대 사회가 얼마나 풍요로운지에 대한 것이다. 돈도 그 풍요의 일부다.

몇 년 전 베스트셀러가 됐던 책 『팩트풀니스』는 세상이 점점 살기 좋아지고 있다고 주장한다. 환경 파괴, 빈부 격차, 노동 문제, 양성 차별, 교육 격차… 이 모든 현대 사회의 문제는 우리의 염세주의적 착각이라고 말한다. 많은 사람들이 이 책을 격찬했다. 나 역시 저자가 말기 암에 걸려서 자신의 죽음을 바라보며 쓴 책에서 희망을 이야기한다니 솔깃했다. 그런데 막상 읽고 나니 내 머리로는 그 논리를 이해할 수 없었다. 이 책은 과거에 비해 고등교육을 받는 사람이 늘었고, 모두의 영양 상태가 좋아지고, 평균 수명이 늘어난 것 등 이런 사실을 뒷받침하는 온갖 통계를 나열하며 세상이 좋아지고 있다고 말한다. 그런데 그 관점이 지나치게 단순하게 느껴졌다. 마치 옛날에는 개울에서 얼음을 깨가며 빨래를 했지만 지금은 세탁기가 다 빨아주니까 가사 노동이 힘들지 않다고 말하는 것처럼 말이다. 이 사고방식의 더 큰 문제는 옛날 사람들이 우리보다 불행했다는 손쉬운 판단이다. 옛날 사람들은 얼음물 때문에 손등이 갈라지는 고통을 겪었겠지만 대신 겨울 빨래는 몇 달에 한 번 했고 빨래하면서도 지금 이 시간에 자기계발을 해야 하는데 뒤처지는 게 아닐까 하는 불안에 시달리지는 않았다.

비교가 무의미하다는 것은 아니다. 다만 비교는 우위를 가리기 위한 것이 아니라 내가 현재 가진 것의 풍부한 의미를 되살리기 위한 것이 되어야 한다. 돈 역시 마찬가지다.

1940~1950년생, 내 부모 세대에 저축의 의미가 무엇이었나 생각해봤다. 그분들에게는 한 푼이라도 벌고 모으는 것이 거의 도덕적 결단에 가까운 일이었다. 경제 전체가 팽창하고 있던 시절이니 이 흐름에서 낙오되지만 않으면 집도 생기고 아이들 대학 보내는 데도 무리가 없었다. 그런데 요새는 근사히게 소비히지 않으면 뒤떨어진다. 특별히 현세대가 나태하거나 소비주의에 빠졌다기보다는 이 시점에 합리적인 행동이다. 경제는 팽창하지 않는데 정부는 돈을 무한정 찍어내고 있으니, 돈이란 녹아버리기 전에 자기만족을 위해 쓰는 것이 현명하다. 돈을 모아봤자, 전체 통화량이 늘어나는 속도를 따라잡을 수는 없다. 아끼는 것으로는 절대 치솟는 집값을 댈 수 없다. 절약은 투자의 시작이 될지는 몰라도 끝일 수 없다.

즉, 똑같은 돈이지만 한창 경제가 성장하던 시절에 돈을 쓴다는 것은 투자와 같은 의미였다. 학비로 쓰면 좋은 일자리를 비교적 쉽게 구할 수 있었고 사업을 해도 경기가 꾸준히 좋았으며 하다못해 저축만 해도 높은 이자가 붙었다. 결국 경제의 확장과 함께 성장할 수 있었다. 하지만 현대의 소비는 자기만족이 목적일 수밖에 없다. 그러다 궁금해졌다. '사회 전체의 돈은 무가치할 정도로 늘어나는데, 내 수중에 들어오는 돈은 왜 이렇게 작을까?'

질문이 완성되자 해답은 쉽게 보였다. 교육이나 일, 사업을 벌이는 것처럼 미래에 대한 투자가 아닌 현재의 즐거움과 만족을 위한 소비를 하기로 했다. 내 소유의 돈 말고 이 사회 전체에 늘어나는 돈을 활용하면 됐다.

내가 어렸을 때는 돈을 쓸 곳도 많이 없었지만 돈을 쓰지 않고 즐길 것도 별로 없었다. 그런데 몇 년 전 캐나다 빅토리아섬에 있는 부처드 가든에 갔을 때 예상 밖의 감명을 받았다. 조경이 아름다워서가 아니었다. 그곳은 1900년대 시멘트 제조업으로 엄청난 부를 쌓았던 부처드 일가가 소진된 채석장을 가족들이 즐길 거대 정원으로 가꾸며 만들어졌다. 100년이 지난 지금은 일반인이 몇 천 원을 내고 똑같은 정원을 거닌다. 그 돈마저 안 쓰려면 동네에 무료로 개방된 식물원도 널렸다. 미국이나 캐나다만의 이야기가 아니다. 한국도 이제는 어디를 가도 누구나 드나들 수 있는 잘 가꿔진 공원이며 산책길을 쉽게 찾을 수 있다.

나의 빵 굽기 또한 자본주의가 허락한 쾌락이다. 인간이 생산하는 것이 훨씬 적었던 수백 년 전에는 대다수의 사람들이 단지 살아 있기 위해서 하루 종일 노동을 해야 했다. 몸이 부서지도록 일해 구했던 밀도 배부르게 먹기에는 부족했다. 빵 굽기 또한 피곤한 몸으로 한 톨도 낭비하지 않겠다는 마음으로 임했을 것이다. 그러나 유통 구조도 농업 생산성도 비약적으로 발달한 지금 나는 과거에 비해 상상할 수 없게 저렴한 가격으로 유기농 밀을 잔뜩 살 수 있다. 손빨래나 밭일에 시달리지 않은 몸으로, 빵 하나의 실패에 좌절할 필요 없는 가벼운 마음으로 오로지 맛있는 빵을 굽는 데 몰두할 수 있다.

더욱 편리하게 맛있는 빵을 먹을 수도 있다. 시내 고급 빵집에서 5천 원만 지불하면 입안에서 낱낱이 바스라지는 버터 향 가득한 크루아상을 살 수 있다. 돈이 있다고 이런 품질의 음식을 쉽게 구할 수 있게 된 것도 최근의 일이다. 그러나 가족 모두가 먹는다면 2만 원이며, 비슷한 소비를 반복한다면 나는 그 대가로 몸은 덜 고생스러울지언정 옛날의 농사꾼보다도 극심한 마음의 스트레스에 시달리며 노동해야 하고, 더 긴 시간을 저당 잡혀야 한다. 직접 빵을 굽고 싶은 마음도 몸도 아니었을 것이다. 그 대신 나는 저렴한 원자재인 유기농 밀과 값비싼 완성품인 크루아상 사이를 느긋한 빵 굽기라는 즐거움으로 채운다. 그리고 그 시간은 온전히 나의 것이 된다.

나의 엄마는 생활비를 한 푼이라도 아끼려고 갖은 노력을 해서 저축했다. 똑같이 돈을 적게 쓰더라도 나는 저축을 목표로 하지 않는다. 돈이 미래의 가치로 전환될 거라고 믿지 않으니까. 내돈은 아니지만 이 세상에 늘어난 돈을 나의 만족을 위해 소비한다. 이 세상에 축적된 농업 기술력, 전 세계가 연결되면서 늘어난 다양성(빵이나 치즈의 맛, 멕시코 향신료 등)을 즐긴다. 세계화

덕에 어디에나 코로나가 기승을 부리는 괴로움도 당하고 있으니 그 좋은 점도 기를 쓰고 찾아서 즐기기로 했다.

옛날과 지금 중에 언제가 더 행복에 가까운지 판단할 수는 없지만 우리는 현재를 살고 있다. 오늘의 이 시간에는 부정할 수 없는 나쁜 점과 함께 좋은 점도 따라온다. 나쁜 점은 담담하게 받아들이고 좋은 점은 놓치지 않고 즐기려고 애쓴다. 그래서 돈을 벌지도 쓰지도 않지만 현재의 만족감과 즐거움을 누린다.

내 소유의 돈이 작아서 오는 공포심을 조금만 누르면 보인다. 이 풍요로운 세상이 베풀어준 교육, 넓고 다양한 세상, 넘치는 지식, 공공의 소비 시설이. 그것들은 오로지 나의 돈으로만 즐길 수 있는 것은 아니다. 돈을 냈다고 그 가치를 내가 온전히 지불한 것도 아니다. 이 세상을 좀 더 인간적이고 살기 좋게 만드는 노력도 중요하지만, 과거의 세대가 만들어 현재에 도착한 풍요를 누리는 새로운 방법도 연구해야 한다.

버릴수록
풍성해진다

한국에서 알고 지내던 지인들이 지금의 우리 집을 찾게 되면 세 가지 공백에 놀란다. 일단 커피를 안 준다. 없으니까. 혹시 와이파이 비밀번호가 뭐냐고 물으면 무선 인터넷은커녕 인터넷 자체가 없다고 답한다. 그리고 술을 그렇게 좋아했던 사람들인데 집에 맥주 한 캔 없다.

갑자기 종교라도 생긴 건 아니다. 나나 남편에게 그 세 가지는 없으면 죽을 것 같은 것들이었는데, 그 말을 들여다보면 없으면 죽을 것 같은 것이지 죽지는 않을 것들이다. 그래서 끊었다. 하지만 그 의미는 매일 마주한다.

그 세 가지를 정말이지 사랑했다. 먹고사는 일에 아무 도움이 안 되는데도 좋아하는 것이 사랑 아닐까. 그게 사는 맛이었다.

사람은 변하지 않는다고 한다. 나도 변하지 않았다. 하지만 성격이 바뀌지 않아도 다르게 살 수 있다는 것을 이제 안다. 일상이 바뀌어도 나는 그대로인데, 많은 것들이 변화라는 이름 아래 나를 떠나갔다.

서울에 살 때 나는 매일 아침 출근길에 스타벅스나 커피빈에 들러 커피를 테이크아웃 했다. 주말에 예쁜 카페를 찾을 때는 탐스러운 케이크도 반드시 곁들였다. 매일 시키는 것도 똑같았다. 그란데 사이즈 아메리카노. 커피 맛에 크게 민감하진 않아도 케냐 원두는 어떻고 과테말라 원두가 어떻고 할 때 한마디쯤 보탤 수 있었다.

그런데 시골의 좁은 집으로 이사를 와서 보니, 커피 용품들이 겉돌았다. 용품이래 봐야 드리퍼와 모카 포트, 원두 분쇄기 세 가지뿐이었는데도 도무지 분위기가 잡히지 않았다. 게다가 소비를 줄이겠다고 마트에서 저렴한 원두를 찾아 카트에 담을 때나 원두가 바닥을 드러낼 때는 기분도 우울해졌다. 커피의 의미는 가성비가 아니었다. 그러고 보니 내 삶이 달라져 있었다. 하루에 커피와 디저트로 매일 2만 원씩 쓰던 생활이 지금의 나와 어울리지 않았다. 나에게는 더 이상 커피를 마실 이유가 없었다.

그다음은 거의 충동적이었다. 뒷일은 생각 않고 커피 용품을 중고 가게에 가져다줘 버렸다.

그 이후 일주일 동안 거의 사경을 헤맸다. 하루 종일 머리는 깨질 것처럼 아픈데도 끊임없이 졸렸다. 그러다가 일주일째 되는 날 죽은 사람처럼 10시간을 자고 일어나서 다시는 카페인을 섭취하지 않겠다고 다짐했다. 커피를 그렇게 많이 마실 때에는 늦은 밤에 진한 커피를 마셔도 잠을 잘 잤기 때문에, 나는 카페인에 영향을 받지 않는다고 굳게 믿고 있었다. 그런데 동시에 커피를 끊은 남편도 똑같은 증상을 겪었다. 그 끝에 커피가 드디어 마시는 음료 중에 하나로 보이기 시작했다. 그렇다면 그 전에는 어떠했다는 걸까?

전설적 사회학자 하워드 베커가 발표한 〈대마초 사용자가 되는 과정 Becoming a Marihuana User〉이라는 고전적인 사회학 연구가 있다. 연구에 의하면 대마초 사용자가 될 때, 대마초가 얼마나 맛있고 기분을 좋게 해주는지는 중요하지 않았다. 오히려 처음 접했을 때 구토를 하거나 어지러움을 겪는 등 불쾌한 경험을 한 사람들이 다수였다. 커피도 마찬가지일 것이다. 진한 블랙 원두커피를 난생처음 마시면서 '맛있다'라고 느끼기는 쉽지 않다. 그런데 어떻게 커피나 대마초를 사랑하게 되는 걸까?

인간은 사회적 동물이고, 학습의 천재다. 대마초를 처음 피우면서 느꼈던 불쾌감을 즐기는 법을 주변 사람들에게 배운다. '그러면서 맛을 알아가는 거야'라는 대마초 선배의 말과 행동에서 그 불쾌한 감각이 '좋은 것'이라고 학습한다. 그 좋음에는 함께하는 사람들의 분위기, 관계, 의미 등이 포함된다. 맛을 떠나 그 대마초가 상징하는 모든 가치를 배워 대마초 사용자 집단의 일원이 되는 과정이다. 이 연구의 압권은 연구의 전체 맥락에 있다. 이 연구는 사회적 일탈 행위에 대한 연구의 일부였다. 대마초를 피우는 등의 행위는 우리가 흔히 상상하듯이 일탈하려는 시도가 아니다. 오히려 어떤 사회의 일원이 되어가는 순응의 과정이다.

나에게 커피도 그랬다. 커피를 마시는 분위기, 아름다운 커피 기계들, 그리고 감당할 수 있는 수준에서 다소 과한 돈을 쓴다는 사치스러운 일탈의 기분, 커피를 마시는 순간의 여유를 즐겼다. 아주 바쁜 출근 시간, 그날 처리해야 하는 업무에 대한 부담감에서 잠깐 해방되는 느낌도 포함해서. 이 모든 것이 커피의 기쁨이었다.

극심한 금단 증상을 겪은 후에 커피를 그냥 커피로 보기 시작했다. 건강에 좋다거나 나쁘다는 생각을 떠나, 커피를 마실 때 무언가 섭취한다는 것. 탄산음료를 마시면 탄산과 액상과당을 섭취하듯 말이다. 커피가 상징하던 것, 커피가 주던 느낌을 떠나 몇 가지 성분으로 이루어진 음료인 커피가 보였다.

박완서의 자전적 소설 『그 남자네 집』에 민어 이야기가 나온다. 함께 사는 시어머니는 온갖 계절 요리에 대한 일가견으로 며느리를 주눅 들게 한다. 철마다 나는 식재료로 섬세한 요리를 해야 한다면서 집안의 주도권을 잡는다. 그러던 어느 날 임신한 며느리가 입맛을 잃자 시어머니는 반드시 되돌려놓고 말겠다는 듯 갖은 밑반찬이며 잔뜩 솜씨를 부린 민어 요리를 낸다. 시어머니의 손맛에 진저리가 났던 며느리는 그때 깨닫는다. '민어도 결국 민어구나.' 이전까지는 시어머니의 기세등등한 요리 앞에서 이렇게 귀한 음식을 이렇게 특별하게 요리한다며 기부터 죽었다는 것을 알게 된 것이다. 이 세상 어떤 산해진미도 그 맛만으로 최고일 수는 없다. 우리는 그 음식을 둘러싼 사람들의 관계, 함께 나누는 가치, 과정에 부여하는 의미를 먹는다.

커피는 커피구나. 그걸 깨달았다. 더불어 도시에서 치열하게 살면서 커피가 얼마나 큰 의미와 행복이 되었는지 음미하게 됐다. 직장인에게 커피는 스트레스를 잠시 녹여주는 향기였고 어색한 사이라도 가볍게 나눌 수 있는 화제였으며 간편하고도 풍부한 취미 생활이었다. 그간 커피에 쓴 돈이며 시간이며 정성이 하나도 아깝지 않았다. 어쩌다 또 도시에 살게 된다면, 더 정성스럽게 커피를 즐길지도 모르겠다. 지금도 어쩌다 도시에서 사람들을 만날 때는 로스팅부터 공들이는 멋진 카페에서 만난다.

하지만 지금 당장 이 시골에서 커피는 그냥 커피일 뿐이다. 그러니 집 근처에서 자생하는 카모마일 계통의 꽃잎이나 라벤더, 로즈메리를 말려 차를 만들거나 생강을 썰어 끓여 마신다. 나는 여전히 커피와 함께하며 즐겼던 도시에서의 작은 사치를 사랑하지만 커피에 의지하지는 않는다. 이제 도시에서 산다면 예전보다 더 깊은 맛을 음미하며 즐겁게 살 수 있을 것이고, 시골에서 평생 살아도 괜찮다.

인터넷 없이 살게 된 건, 장난처럼 던진 말 때문이었다. "인터넷 끊어버릴까?" 시골이라 케이블 TV를 신청하지 않으면 랜선이 없고, 위성으로만 인터넷을 사용할 수 있다. 한 달에 10만 원이나 주고도 그 인터넷은 견딜 수 없을 정도로 답답해 참다못해 던져본 말이었을 뿐이었다. 스마트폰도 없는 우리 가족이 인터넷 없이 살 수 있다는 상상을 못 했다. 게다가 여기는 시골이라 연결에 문제가 생기는 날이면 이메일 하나를 보내기 위해 시내까지 나가야 하는 처지였다.

입 밖으로 소리 내어 말하면 누가 들을까? 쥐나 벽이 듣기도 전에 나 자신이 듣는다. 아무렇게나 말을 뱉어놓고 깜짝 놀랐다.

절대 해서는 안 되는 말을 해버리고 만 사람들처럼. 그렇다고 당장 인터넷을 끊을 용기는 도저히 나지 않았다. 그래서 주저하다가 일단 며칠이라도 모뎀을 끄고 살아보기로 했다. 그리고 한 달 뒤에 인터넷을 해지했다. 약간 겁이 나긴 했지만 사실 시원섭섭했다는 게 너 맞았을 것이다.

집에서 거의 하루 종일 지내는 은퇴자라 인터넷에 허비하는 시간이 너무 많았다. 지금은 집에서도 할 일이 너무 많지만 은퇴 초반에는 남는 게 시간밖에 없는 이상한 하루하루가 지나갔다. "오늘 뭐 할까?" 같은 의논을 하다 보면 벌써 오후 2, 3시. 누워서 화면을 만지작거리다 보낸 날들이 너무 많았다는 것을 깨닫고 결국 인터넷을 끊었다. 인터넷이 필요한 일은 적어두었다가 동네 도서관에 가서 해결하기로 했다. 그랬더니 웬걸, 업무는 물론 궁금한 것까지 실컷 검색해도 한두 시간이면 충분했다. 하지만 인터넷을 끊기 전에는 하루 종일 화면을 봐도 더 볼 것이 있었다.

막상 끊으려고 했더니 무엇보다 사회적으로 외톨이가 될까봐 두려웠다. 어차피 스마트폰도 없었으면서 말이다. 그때 대학원에서 만난 교수가 떠올랐다. 그 교수는 학기 초에 강의계획안을 나눠 주면서 30분 동안 자신의 이야기를 들려줬다. 그는 이메일도 안 쓰고 핸드폰도 없다. 유일한 소통 방법은 집과 사무실에 있는 유선 전화와 자동응답기다. 학생들에게도, 동료 교수에게도, 친구와 가족들에게도 이런 사정을 늘 열심히 설명한다. 그래도 괜찮았냐고? 실제로 많은 사람들이 그에게 연락이 안 된다며 불평했다. 하지만 그는 그런 삶이 세상에 진짜 필요한 사람이 되는 가장 쉬운 방법이라고 말했다. 진짜로 날 필요로 하는 사람이라면 어떻게든 연락을 하며, 굳이 휴대폰이나 이메일이 있어야만 한다고 고집하는 사람은 아마 모든 걸 준비해놓는다 해도 연락을 안 할 사람이라고. 수업의 내용은 깨끗이 잊었지만 철저하게 자기 기준대로 살아가는 그의 모습은 잊히지 않는다.

『조화로운 삶』을 쓴 니어링 부부 역시 당시 기준으로 소통의 방법에서 고집스럽게 뒤처져 있었다. 집집마다 전화기가 놓이던 시절, 이 부부와 연락을 하려면 편지를 쓰거나 직접 찾아가야 했다. 이들에게도 불편하니까 전화를 놓으라는 사람들의 요구가 끊이지 않았다. 하지만 이들도 사람들과의 교류나 의사소통은 수단의 문제가 아니라고 했다. 강연도 많이 다니고, 사회 활동도 누구보다 활발했던 그들은 살면서 꼭 전달받아야 할 연락을 놓친 적은 없었다고 단언했다. 딱 한 번, 스코트 니어링이 외출 중에 부상을 당했는데 헬렌 니어링이 그 사실을 전해 듣지 못했지만 어떻게든 해결이 됐다고.

우리는 좀 다르다. 동네 도서관에 가서 이메일도 하고, 페이스

북도 하고, 블로그도 한다. 다만 스마트폰이 없고, 집에 인터넷이 없는 것뿐이다. 24시간 의사소통이 가능한 요새 기준의 노멀은 아니지만 완전한 차단 대신 접속의 시간에 제한을 뒀다. 그 결과 인터넷에 접속해서 누군가와 어떤 방식으로든 연결되어 있을 때면 집중도가 높아지고, 대신 집에 있는 동안은 이 세상에 오로지 우리와 라디오밖에 없다.

물론 남편은 인터넷 매체에 글을 쓰면서 한국 시간에 맞춰 업무 연락도 해야 하고, 아이들 학교에서도 인터넷이 있어야만 해결되는 과제들이 있었다. 특히 이메일을 보내는 것처럼 잠깐이면 해결될 문제가 도서관이 문 닫은 시간에 벌어지면 도서관 문앞에서 쪼그리고 앉아서, 혹은 동네 24시간 맥도날드에 가서 1달러짜리 디카페인 커피를 시켜놓고 접속했다. 또는 그냥 불편을 겪었다. 지나고 보면, 못 이룬 일은 없다. 폭설로 학교가 문 닫은 날 연락을 받지 못해 설원에서 버스를 기다린 시간도 썩 괜찮은 추억거리가 된다. 실시간 연락이 쉽지 않아도 가치 있는 글을 쓸 수 있는 작가가 되기 위해 더 신경을 쓰게 된다. 우리에게 전화를 걸어주고 수신인이 딱 한 명인 이메일을 써주는 사람들의 이야기에 우리는 모든 주의를 집중한다.

그리고 텔레비전조차 없이 세상과의 연결이 끊긴 우리 집은 그 자체로 우리의 성이 된다. 이 세상에 어떤 재앙이나 불행의

뉴스도 우리를 시름에 잠기게 할 수 없다. 그리고 누구도 우리 가족만이 연결된 이 시간을 함부로 방해할 수 없다.

기자를 하면서부터 매일 집에서 와인을 마셨다. 10년도 넘는 시간 동안 이틀에 와인 한 병씩 나눠 마셨으니, 적게 마시는 것도 아니고 그렇다고 술꾼인 것도 아니었다. 하지만 하루도 거르지 않고 마셨다. 단 한 번도 숙취에 시달리거나 필름이 끊긴 적도 없고, 그냥 매일 알딸딸한 느낌으로 밤을 맞은 것뿐이다. 사람들과 술자리에서 만나도 딱 이 정도 양만 마셨다. 원칙이 있어서는 아니고, 나나 남편이나 유전적으로 알코올 분해 효소가 부족한 체질이라 더 이상은 목구멍에서 넘어가질 않았다. 사회적 학습의 힘인지 남편이 한창 회식을 해야 했던 시절에는 폭탄주를 열다섯 잔까지도 마셨지만 은퇴 이후 타고난 알코올 섭취 능력으로 복귀했다.

술은 커피나 인터넷보다 오랫동안 우리의 일상을 떠나지 않았다. 일단 정말 쌌다. 와인을 즐겼지만 값비싼 술의 미묘한 등급을 즐긴 것은 아니었기에 5천 원짜리 와인이면 족했다. 마트에 흔히 보이는 저렴한 호주산 와인 옐로테일이 딱 좋았다. 아름다운 술잔에 디캔터를 갖추는 것에도, 잘 어울리는 음식과의 절묘한 조화를 음미하는 데에도 관심이 없었다. 설거지가 귀찮아서 와인

잔을 처분한 후로는 머그에 마셨다.

술이 일상에 방해가 되지도 않았고, 몸이 나빠지지도 않아서 끊어야겠다는 생각을 한 적도 없었다. 그런데 몇 년 전 별 이유도 없이 우리의 일상에서 술이 사라져버렸다. 그 시작은 스스로 이 행동에 대한 질문을 던지면서부터였다.

술은 말하자면 행동중독의 하나였던 것 같다. 전통적으로 의학적인 중독은 마약, 음식, 알코올 같은 물질 남용을 의미한다. 인터넷 중독이 대두되며 행동중독이 사람들의 관심을 끌었다. 근래 연구 결과들에 따르면 행동중독이 뇌에서 작용하는 방식은 기존의 중독들과 별다르지 않다. 모든 중독은 그 중독을 촉발하는 환경과 사람이 한 덩어리로 작용한다. 그래서 재활 치료를 받고 끊었다가도 원래 중독 행동을 했던 일상으로 돌아가면 쉽게 재발한다.

그런데 술이 행동중독이라고 생각했던 것은 우리 부부가 술을 소비하는 방식이 알코올 자체에 대한 중독보다는 하루를 구성하는 규칙에 속한 의식에 가까웠기 때문이다. 밤이 될 때까지 긴장을 놓치지 않고 최선과 완벽을 추구하는 낮 시간을 보낸 후, 풀어지기 위해 치르는 의식이었다. 업무부터 일상까지 잊지 않고 처리해야 하는 무수한 과제들 앞에서 잘해야 한다는 압박을 느끼며 애쓰다 보면 실제의 성취도와는 무관하게 저녁에는 완전히 지쳐버렸다. 둘 다 은퇴를 하고 집에서 노는 첫 몇 년 동안에도, 심지어 느지막하게 일어나서 오늘 할 일을 궁리하다가 어스름을 맞는 나날에도 그런 마음의 자세는 변하지 않았다. 하루하루를 최선을 다해서 살아야 했다. 그러지 못했다면 최선을 다해 괴로 워해야 했다. 그런 낮 시간을 보내고 밤이 찾아오면 널브러져야 만 했다. 설사 그럴 필요가 없었던 백수일지라도 밤에 널브러지 고 나면, 내일은 뭔가 꽉 차고 보람된 하루를 보낼 수 있을 것 같 았다.

그러다가 어느 날부턴가 술을 사 오는 일이 점점 귀찮아지고, 술을 따르는 일조차 서로에게 미루는 일이 잦아지면서 술이 생 활에서 말라버렸다. 영문을 모를 노릇이었다. 그전에는 혹시라 도 술이 떨어지면 아무리 깊은 밤에도 24시간 영업하는 가게를 찾아 헤맬 정도였으니까. 그때 알았다. 밤이 되어도 우리는 이 제 널브러질 필요가 없었다. 물론 필요는 이미 예전부터 없어졌 는데, 행동과 마음의 습관이 그대로 남아 있었다. 아침에 일어나 서 성실하게 최선을 다해서 하루를 살아야 한다는 부담이 온전 히 사라졌다. 그냥 하루 종일 당당하게 최선을 다하지도 않고 열 심히 살지도 않는 낮 시간을 보낸다. 밤이 되어 널브러지는 게 아니라 그냥 하루 종일, 매일 널브러져 사는 것이다. '오늘 뭐 할 까?' 같은 생각도 안 한다. 예전에는 놀 때도 늘 무엇을 할지 고민했다. 열심히 놀아야 할 것만 같아서.

아무것도 안 하다 보면 무언가 하게 된다. 그냥 누워 있으려고 했는데 빵도 굽고 콩만 넣은 된장도 만들고, 글도 쓰고 책도 읽고, 애들이랑 시시한 장난도 치고 농담을 하고, 식물 공부도 한다. 봄에는 땅에 나가 쐐기풀도 따고, 블랙베리의 새순도 따 먹으며 너무나도 풀답고 새순다운 그 맛에 감탄한다. 여름에는 대충 심어둔 호박이나 깻잎, 방울토마토도 먹고, 가을이 되면 라벤더, 로즈메리 같은 허브를 따서 말리거나 얼려 둔다. 대신 계획도 없고, 목적도 없고, 잘하려는 생각은 더더욱 없다. 하다가 싫증나면 대번에 그만둔다. 그러니 어떤 날은 침대에 꼼짝 않고 누워서 천장만 쳐다보기도 한다. 대신 깨어 있는 시간에는 멀쩡한 정신으로 산다. 하루를 충실하게 살아야 한다고 의지를 다졌던 예전보다 더 하는 일이 많아졌다.

어떤 것이 좋거나 나쁘다는 이야기가 아니다. 커피, 술, 인터넷으로 삶을 얼마든지 더 풍성히 만들 수도 있다. 똑같이 시골에 살아도 초록색 원두를 마당에서 캠핑용 스토브로 볶으며 한껏 정취를 즐길 수도 있지 않을까. 다만 이런 변화의 과정을 겪고 나면 다른 변화도 불러올 자신감이 조금씩 생긴다는 점을 이야기하고 싶었다.

우리를 둘러싼 세상은 끊임없이 변화하고 있다. 우리도 그에 따라 변화하지 않으면 도태될 수밖에 없다. 세상으로부터가 아니라 나 자신으로부터. 뭔가를 끊고 버리는 게 아니더라도 새로운 방식을 받아들이고 관계가 좋지 않은 사람과 관계를 개선하며 삶의 방식을 바꿔야 할 일이 생긴다. 하지만 인간에게 변화만큼 어려운 일은 없다. 변화에는 현재의 자신을 부정하는 이율배반적인 태도가 필요하기 때문이다.

새로운 나를 환영하고 설렘으로 받아들이는 건 멋진 일이다. 변화는 나 자신을 부정하는 게 아니다. 뭔가에 의존하는 느낌이 사라지면서 삶에 대한 자신감이 충만해지는 일이다. 그래서 뭔가를 끊고 버리고 포기한 이후엔 항상 이걸 왜 진작 하지 않았을까 하는 후회였다. 그 후회는 방만함이나 낭비에 대한 반성이 아니라, 진작 더 가벼워지지 못했던 것에 대한 아쉬움이었다.

여기서 깨달음에 도달한다. 나 자신을 진짜 찾고 싶은 사람은 나 자신에서 떠나봐야 한다는 것. 고대 그리스의 대서사시 「오디세이」에서 가장 중요한 모티브는 고향을 떠났다가 다시 돌아오는 행위다. 흔히 집을 떠나야 가장 나다운 나를 발견한다고 해서 여행의 미덕을 찬양할 때 쓰는 비유다. 하지만 꼭 낯선 장소로 이동하지 않아도 나를 나이게 하는 행동, 습관, 취향을 되짚어보고 버려본다면 그 과정은 오디세우스가 집으로 돌아오기 위해 겪었던 그 혹독한 여정만큼이나 의미 있는 여행이 될 수 있다.

이제 내가 드물게 마시는 커피와 술, 도서관에서 사용하는 인터넷은 더 이상 예전과 같지 않다. 더 풍부하고, 더 감사한 무엇이며, 그것 없이도 나다울 수 있는 무언가를 더 가지게 되었다.

무엇보다
기쁨으로 먹는 것

집에서는 '음식'을 먹으려 한다. 제조 과정에서 들어간 재료가 내 눈으로 보기에도 확실히 '먹는 것'인 음식을 선호한다는 뜻이다. 예를 들자면 이렇다. 요거트는 우유와 유산균만으로 이루어져야 한다. 밀가루도 밀을 직접 갈아 먹는다. 공장에서 만든 흰 밀가루는 복잡한 처리 과정을 거치며 첨가물이 들어가고, 껍질과 배아가 제거된 것은 물론이다. 비슷한 이유로 고기도 잘 먹지 않는다. 그렇지만 자연 상태의 섬유질은 매일 챙겨 먹는다. 야채나 해조류 등이다.

그러나 이보다 더 상위에 있는 철칙이 있다. 공포로부터의 자유다. 먹는 일은 삶의 일부이지, 공포나 배척, 신앙 행위여서는 안 된다. 할로윈 때 아이들이 캔디를 잔뜩 받아 오면 함께 먹으며 즐거워한다. 아이들이 생일 때는 패스트푸드를 먹고 싶어 하는데, 그 또한 온 가족이 몇 달씩 기다리는 즐거운 날이 된다. 사람들과 만나 외식을 하는 것도 좋아한다. 그때는 메뉴를 가리지 않는다. 먹는다는 것은 몸이라는 기계에 연료를 채우거나 기능을 증진해야 하는 의무가 아니다. 먹는 건 즐거움이어야 한다.

음식을 먹을 때 세운 몇 가지 원칙이 있다.

첫째, 내 몸을 느낀다. 밀이나 복숭아나 새우도 먹으면 죽는 사람이 분명히 있다. 우유나 술도 사람마다 소화 능력이 다르다. 내가 섬유소를 챙겨서 먹고 통밀빵을 좋아하고 매운 것을 먹지 않는 이유는 바로 다음 날 화장실에서 모든 것이 다르기 때문이다. 시판 통밀가루를 써서 굽거나 빵집에서 산 통밀빵은 그런 차이가 몸으로 느껴지지 않는다. 그리고 밀을 가는 동안의 돌 가는 소리, 따뜻한 밀가루에 물을 섞어서 조물거리는 그 감촉, 물과 공기의 온도를 느끼면서 조절하는 감각들, 이 모든 것들을 사랑한다. 이런 과정을 거친 빵은 매일 점심 한 끼를 빵과 물만 먹어도 질리지 않는다. 때로 기분에 따라 버터나 잼을 바르기도 한다. 모두가 매번 맛이 좋다고 감탄하면서. 그건 우리가 들인 시간에 대한 자기 최면일 수도 있지만 즐거움은 가짜가 아니다.

둘째, 시간을 들인다. 먹는 데에 시간을 충분히 들인다는 것 역시 중요한 원칙이다. 요리를 하는 것만 먹는 시간은 아니다. 야생 열매를 따면서 새소리, 개울의 잔잔한 물소리를 귀 기울여 듣는 시간, 맥도날드까지 가는 차 안에서 가족들과 함께 아이스크림콘의 사이즈를 결정하려고 열띤 토론을 벌이는 시간, 민들레 뿌리를 파내기 위해 보드라운 흙을 만지는 시간. 이 모든 일이 먹는 데에 시간을 충분히 들이는 것이다. 의무적으로 빨리 해치우듯 먹는 대신 지금 이곳에, 나의 존재 자체에 집중하며 먹는다. 아이들 생일 같은 특별한 날에 패스트푸드를 먹을 때도 시간을 아주 많이 들인다. 편리함을 위해 갑자기 사 먹지는 않는다. 몇 달 동안 가는 날을 꿈꾸고 계획하고, 미리 메뉴를 보며 대체 어떤 맛이 날지 추측하며 논다. 1년에 몇 번 안 되는 중요한 행사다. 그러면 이날의 경험은 가족의 추억이 되어 두고두고 이야깃거리가 된다.

셋째, 먹는 일은 삶의 일부다. 꽤 오랫동안 유기농에 집착했다. 그리고 시골 이사를 준비하는 동안에는 아예 유기농 농장을 시작해보려고 공부했다. 그러면서 알게 된 건 유기농 인증의 기준이 돈을 더 주어가며 믿을 만한 것이 아니라는 것이었다. 유기농 인증 방식은 그야말로 천차만별이다. 유기농 비료와 살충제도 있는데, 어떤 점이 화학 비료와 일반 농약과 다른지 이해가 안 됐다. 더 큰 문제는 비료였다. 유기농 퇴비건 화학 비료건 갈 아진 땅에서 파괴된 흙의 생태계를 보충하기 위해 투입된 비료를 먹고 자란 작물은 정상이 아니다. 원래 풀만 먹고 살기로 되어 있는 소를 살찌우기 위해 옥수수를 먹이면 온갖 병에 걸린다. 그러면 약을 투여해야 한다. 식물도 비료를 먹고 토실토실해지면 해충이 비정상적으로 많이 꼬인다. 그러면 여기에도 약을 쳐야 한다.

어떻게 되나 궁금해 우리 집 앞뜰에 케일, 토마토, 호박, 깻잎, 마늘, 파 등 일단 닥치는 대로 심어놓고 잡초와 함께 야생 상태로 기르고 있다. 비료를 주지 않고 야채를 길러보면 안다. 어떻게 해도 시장에서 팔리는 상품들의 모양새로는 절대 자라지 않는다. 억세고 작고 모양도 울퉁불퉁 이상하고 맛도 쓰고 시고 정말이지 강렬하다. 과연 야생에서 살아남은 녀석들답다. 동물도 마찬가지다. 우리 집 근처에 1년 내내 풀만 뜯어 먹고 사는 소를 대여섯 마리씩 풀어놓고 키우는 집들이 있는데, 멀리서 보면 목이 짧은 사슴인가 싶을 정도로 말라비틀어져 있다. 게다가 풀만 먹은 소의 고기는 엄청나게 냄새가 나고 질겨서 도저히 상품이 되지 않는다.

인류가 농사를 짓기 시작했던 수천 년 전의 유해를 발굴하면 반복적인 노동에 시달려서 뼈가 마모되어 있거나 변형되어 있는 경우가 대부분이라고 한다. 엄청난 통증에 시달렸을 것이 분명할 정도로. 야생에서 먹거리를 채취하면서 그 의미를 뼈저리게 깨달았다. 몸의 건강을 위해 비료를 쓰지 않는 농사를 짓고 야생 먹거리를 따 먹는 게 가장 좋겠지만 뙤약볕에서 노동에 시달리며 손이 비틀어지고 등이 굽고, 각종 부상을 달고 사는 삶을 건강하다고 할 수 있을까. 이렇게 과중한 노동에 시달리는데 가족들과 즐거운 시간을 보낼 몸과 마음의 여유가 있을까.

가족끼리 모여 먹은 할로윈 캔디가 나중에 당뇨병의 원인이 될지, 가족과 보낸 즐거운 시간이 면역력을 높여줄지, 알 수 없다. 삶이 그렇다. 그 불확실함을 사랑할 수 있으면 그걸로 됐다고 생각한다. 언제가 됐든 몸은 아프기 시작할 것이다. 후회되지 않을 만큼 이 시간을 충분히 만끽하는 것이 목적이다. 나쁜 일을 방지하려고 사는 게 아니라, 나쁜 일은 생기겠지만 그래도 삶의 구석구석을 만끽해서 시간을 되돌린다 해도 그렇게 살았을 삶을 사는 게 목적이니까.

이토록 사람이 살아가는 일이란 복잡하다. 나는 이 복잡함 그 자체를 삶의 경이로움이자 삶의 즐거움으로 받아들이기로 했다. 그래서 즐거운 마음으로 자연을 즐길 수 있을 만큼 심고 따 먹

고, 도시의 편리가 제공해주는 삶의 여유와 시간과 몸의 편안함
도 적절히 골고루 다 즐기기로 했다. 내가 추구하는 것은 삶을
그 자체의 복잡성으로 즐기지 못하는 공포로부터의 자유다.

2장

어쩔 수 없이 살지 않기 위해
버렸던 것들

A Capitalist in the Woods

꿈이
삶을 가로막을 때

옛날부터 내 머릿속에 울리던 소리가 있다.

'이렇게까지 해야 돼?'

살다 보면 이렇게 하면 돈을 많이 벌 수도 있을 것 같은데, 직업적으로 좀 더 크게 성공할 것 같은데, 하는 가능성이 열리는 순간이 있다. 문제는 그것을 위해 치러야 하는 희생도 눈에 잘 보였다는 것. 일상도 포기하고, 집념을 불태우고, 내 취향이나 고집도 내려놓고, 귀찮은 일도 감수해야 했다. 그럴 때면 어김없이 저 목소리가 들려왔고, 그때마다 나는 아주 잘 포기했다. 기꺼이, 즐겁게, 순전히 포기했다. 그것이 내 한계라고, 내 문제라고 인정해도 괴롭거나 후회스럽지 않았다.

"하고 싶은 것을 하라." 자라나는 아이들과 청년들이 무수히 듣는 그런 이야기를 나도 들었지만, 그럴수록 깨달았다. 나는 이루고 싶은 꿈이 없었다. 굳이 꿈이라고 한다면, 건강과 돈 때문에 큰 불행을 겪지 않고 가족과 가까운 친구와 서로 아껴주며 적당히 오래 사는 것뿐이다. 그렇다고 해서 욕망이 없거나 득도한 수도자와 같은 마음의 상태도 아니다. 돈을 많이 벌거나 한 분야의 대가가 된 사람들을 보면 부러운 마음이 든다. 그런데 막상 내가 무언가를 하려고 하면 높은 수준에 오르기 위해 인생에서 지불해야 하는 대가가 있는데, 그것은 내 '꿈', 즉 큰 불행만 겪지 않고 편안한 일상을 살고 싶다는 꿈에 위배되었다. 그래서 어느 정도 해보다가 적절한 순간에 포기했다.

나 역시 꿈을 위해 끈질기게 노력하는 사람들이 보여주는 불굴의 의지에 감동한다. 사회의 활력과 발전의 원동력이 되는 사람들이다. 그러나 그렇다고 해도 나는 그들이 될 수 없었다. 어린 시절 끊임없이 세뇌당한 것과 달리, 지금 내 인생이 존경할 만한 것이 아니라는 사실이 나를 낙오자로 만들지도 않았다. 이 안에도 살만한 가치가 있고 재미가 있었다. 내가 의지력 없는 나를 미워하면서 시간을 쓰지 않고 내 인생을 나름대로 재미있게 꾸릴 수 있었던 것은 어쭙잖은 미련을 갖는 대신 완전히 포기했고, 그 포기가 불러온 깨달음이 있었기 때문이었다.

첫째, 포기한 자리에는 무언가가 반드시 채워진다.

자연은 빈 공간을 싫어한다. 버려진 집이나 농지는 삽시간에 잡초로 채워지고, 뚜렷한 목표가 사라진 머릿속에는 이런저런 잡생각이 떠오른다. 잡초나 잡생각을 어떻게 평가할 것이냐의 문제가 남는다. 하지만 따져보면 잡초나 잡생각은 더 상위에 있는 가치에 대한 상대적인 이름이다. 농작물을 포기해버리면 이전에 잡초라고 뭉뚱그렸던 것 속에서 나물이며 야생 과일, 나무가 보인다. 잡생각도 마찬가지다. 일간지 1면 상단에 대문짝만하게 오를 만한 기삿감, 유명한 저널에 소개될 만한 논문 주제 등 우선순위였던 것들을 포기하면 그전에는 빨리 없애야 했던 잡생각들이 달리 보인다. 재미난 것들이 있다. 여기서부터 새로운 선택이 시작된다. 포기하면 내게 중요하고 가치 있었던 무언가가 없어지지만 결코 그 빈자리가 그대로 지속되지는 않는다. 전에는 아무것도 아니었던 것들이 새로운 가치가 되어서 나타난다.

무언가를 포기한다고, 삶이 포기되는 것은 아니다. 변호사가 되고 싶었는데 결국 대학원에 가지 못하고 다른 직장에 다니고 있다면 그게 끝이 아니다. 마음속 어딘가에서 변호사가 되겠다는 그때의 목표를 계속 의식하고 있다면 당신의 일상이 부족하고 불만족스러울 것이다. 한 푼의 소비도 언젠가 대학원에 갈 가능성을 가로막는 장애물처럼 여겨질지도 모른다. 그러나 그 일말의 희망을 진심으로 내려놓는다면 일상은 본래의 모습을 회복한다. 실패의 틀을 벗고 기쁨도 아쉬움도 그 자체로 느낄 수 있는 삶의 또 다른 순간이 찾아온다. 그러다가 그 작은 가능성조차 실현 못 하는 거 아니냐고? 이 질문에 대한 답은 없다. 누구든 인생을 다 살아보지 않고서는 확신할 수 없다. 이런 불확실한 미래에 대한 불안은 포기나 끈기와 상관없이 영원히 존재한다. 그게 삶의 본질일 테니까. 중요한 것은 무언가를 포기한다고 삶이 포기되진 않는다는 사실이다. 카프카가 일기에 쓴 말처럼 말이다.

절망하지 마라. 네가 절망하지 않는다는 사실을 놓고도 절망하지 마라. 모든 것이 끝난 것 같은 순간, 결국 새로운 힘이 너를 채울 것이며 그것이야말로 네가 살아 있다는 뜻이다.

둘째, 포기도 때가 있고 용기가 필요한 일이다.

사람이든 물건이든 목표든 지위든, 무언가를 포기할 때면 공포심이 든다. 끝은 무섭다. 아무리 사소한 것이라도 마찬가지다. 단번에 다이어트나 금연에 성공한 사람과는 상종하지 말라는 우스갯소리도 같은 맥락 아닐까. 끝에 대한 인간적인 두려움이 없는 사람일지도 모른다는 말이다. 집에 굴러다니면서 쓰지도 않는 컵 하나, 사놓고 수년간 읽지도 않은 책 한 권을 들고 버릴까 말까를 고민해보면 안다. 분명히 1, 2만 원이면 다른 것을 살 수 있다. 그런데 막상 버리려고 하면 본능적으로 꼭 움켜잡고 싶어진다. 몇만 원이 아까운 마음과는 차원이 다른, 미련과 아쉬움과 걱정. '언젠가 필요할지도 몰라'라는 생각은 그저 표면적이고 간편한 이유일 뿐이다. 포기는 지금까지 한 일은 물론 미래의 가능성도 종결시킨다. 지금 쓰던 컵이 깨져서 새 컵을 꺼내 써야 할 가능성, 언젠가는 묵혀둔 책을 읽게 될 가능성, 그리고 그런 미래의 가능성을 대비하고 꿈꿨던 과거의 나라는 사람 모두를 버려야 한다.

왜 이런 아픔을 감수하며 포기해야 할까? 바로 이 질문을 잊지 않는 것이 중요하다. 포기의 때를 놓치지 않기 위해서다. 과거에는 충분히 좋았던 것들을 놓아야만 하는 때가 온다. 정확히 그때가 언제인지는 각자가 결정해야 한다. 다만 '내가 무엇을 위해 이러고 있는가?'라고 자문을 해보아도 도무지 떠오르는 답이 없다면 그때가 의심하기에 좋은 때다. 그 의심이 나를 찾아온 순간 회피하지 않는 것, 나에게 태연하고 냉정하게 질문을 던지는 것. 그 정도만으로 충분하다. 질문은 단순할수록 좋다.

셋째, 포기를 잘하면 실패에 대한 두려움이 줄어들고 결국 무엇이든 시도하게 된다.

적절한 이유가 생기면 언제든 포기할 거라는 마음을 먹은 후
부터, 호기심이 생기는 일은 일단 해본다. 성공할 것인가, 내 적
성에 맞을까, 내가 잘할 수 있을까 같은 고민에 대한 답은 일단
시작부터 하고 해나가는 와중에 저절로 알게 된다. '아니다' 싶
으면 포기하면 된다. 그래서 수습하지 못할 과도한 투자를 하지
도 않는다. 하나에 모든 것을 거는 일이 없어진다. 결과적으로 꽤
잘하는 일들이 많아졌다.

넷째, 나만의 인생을 사랑하게 된다.

포기라는 것은 결국 욕심을 버리는 일이기도 하다. 불굴의 의
지 같은 건 없는 나에게 너그러워지는 과정이었다. 참고 견뎌야
할 때, 남들은 충분히 그럴 수 있을 때 나는 그러기 싫은 나의 마
음은 나만이 지켜줄 수 있었다. 못난 점이니까. 그런데 이 시간들
이 쌓이니까 나만의 것, 진짜 내 것을 가지고 있는 나를 만나게
됐다. 물론 역시나 별 볼 일 없지만 너무나 확실하게 내 것이라
소중한 것들이다. 멋진 유기농 농장은 없지만 나의 자그마한 시
골집 주변에서 철마다 따 먹을 수 있는 야생 잡초와 과일에 대해
아는 것, 아이에게 화려한 자기소개서를 만들어주는 것은 포기
했지만 아이만의 감정과 지적 동기에 대해 깊은 이야기를 나눌
수 있는 것, 교육심리학 교수로 커리어를 쌓는 것은 포기했지만

때때로 상담을 의뢰받을 때는 아이와 부모에게 깊은 호기심으로 다가갈 여유가 있다는 것.

이런 마음으로 포기했다. '있는 것을 챙기자.' 추수가 끝난 황량한 논에 떨어진 쭉정이 벼 이삭을 줍는 심정으로 별 볼 일 없지만 내 마음에 작은 기쁨을 주는 일, 내가 좋아하는 소소한 것들을 했다. 잡초들의 숨겨진 이야기를 알아내고, 좋아하는 『월든』을 닳도록 읽고, 나만의 된장 레시피를 개발하는 그런 일들 말이다. 그걸 모으면서 살았다. 이것 역시 '열심히'는 아니고 충분히 자고, 웃고, 떠든 다음 남는 시간에만. 그랬더니 그게 모여서 꽤 그럴싸한 나만의 무언가가 생겼다. 이런 이야기를 즐거워하며 듣고 심지어 돈을 내며 구독하는 사람들이 있었다. 내가 지켜온 작은 것들을 재미있어 하며 바라보는 사람들이었다.

그러나 여전히 희생하라고, 내 모든 것을 던져 좀 더 큰 것을 노려보라고 말하는 사회에서 쉽지 않았던 포기들은 한낱 초라한 자기합리화로 느껴질 때가 있다. 자기합리화면 또 어떻겠느냐만 조지 엘리엇의 목소리에서 위로를 찾아본다.

본명 메리 앤 에반스, 필명 조지 엘리엇의 『미들 마치』는 영국 일간지 《가디언》이 20세기 영국 문학 최고의 소설로 선정한 작품이다. 주인공 도로시아는 거대한 포기를 하고 시시한 선택을 한다. 도로시아는 젊은 나이에 첫 남편이 죽으며 대규모의 영지를 물려받았다. 이후 남편의 친척과 사랑에 빠진다. 그런데 첫 남편이 내건 상속 조건이 바로 이 남자와 결혼을 하면 상속받은 영지를 일체 포기한다는 것이었다.

당장의 경제적인 손실보다 더 큰 문제는 도로시아가 가진 이타적인 야망이었다. 도로시아는 더 좋은 사회를 만들기 위해 영지를 개혁해서 가난한 사람들을 도우면서 사회 전체에 새로운 가능성을 보여주고자 하는 위대한 꿈을 꾸고 있었다. 하지만 이 꿈을 실현하기 위해서는 넓은 영지가 제공하는 사회·경제적 기반이 필수였다. 그런데 도로시아는 영지를 포기하고 아내이자 엄마로 평범한 인생을 택한다.

이렇게 간략하게 써서 그렇지 도로시아의 영민함, 사회적인 의식, 그녀를 둘러싼 사회적 관계와 책임이 900쪽에 걸쳐 전개되는 장대한 줄거리 끝에 이런 포기는 허탈하기까지 하다. 수많은 독자와 비평가들이 수 세기에 걸쳐 결말에 실망을 표할 정도였다. 그러나 작가 조지 엘리엇은 이 허탈함이야말로 수많은 평범한 사람들의 진실된 이야기라고 주장한다. 문학사적으로도 유명한, 이 소설의 마지막 문장은 이 주장을 다음과 같이 압축한다.

이 세상에 선이 늘어나는 것은 역사에 남지 않을 사소한 많은 행동 때문이기도 하다. 우리가 더 나쁜 세상에서 살 수도 있었을 텐데 그렇지 않은 이유의 절반쯤은, 드러나지 않는 삶을 충실하게 살다가 지금은 아무도 찾지 않는 무덤에서 잠든 이들 덕분이다.

욕망에
항복하는 습관

얼마 전에 집에서 멕시코 음식을 해 먹었다. 많이 공들인 건 아니고 미국에서 흔히 먹을 수 있는 대표적인 멕시칸 음식을 비슷하게 따라 했다. 부리토볼이라는 이 음식은 부리토의 재료인 병아리콩이나 사워크림, 갖은 채소와 고기 등을 토르티야(밀 전병 같은 것)에 싸지 않고, 그릇에 담아 비빔밥처럼 섞어 먹는 요리다.

집에서 요리를 할 때는 레시피를 찾아보고 식당에서 먹는 것과 비슷하게 만들려고 노력하는 사람이 많다. 나도 처음에는 그랬다. 하지만 집에서 음식을 자주 만들다 보니 대충 흉내만 내도

만족하게 됐다. 진짜 원하는 맛이 무엇인지를 알면 다른 부수적인 것들은 포기할 수 있다. 그냥 고기가 없으면 없는 대로, 고수가 없으면 없는 대로 해 먹을 때도 많다. 그러니까 욕망에 항복하기 위해선 자신의 욕망이 어떤 건지를 알아가는 과정이 선행되어야 한다.

마음의 평화, 삶의 의미, 인생의 행복… 이런 걸 얻는 데에 방해가 되는 건 외부 환경의 열악함이 아니라 나 자신의 욕망일 뿐이라고 주장하는 대표적인 사고 체계가 에피쿠로스의 쾌락주의와 불교 이론이다. 논리는 쉽다. '원하는 무언가를 얻는 데 실패하면 불행하다. 애초에 원하는 게 없으면 실패하고 말고 할 게 없다'는 것이다. 다른 말로 하자면 기대가 없으면 실망도 없다는 말. 그러니 개인이 지속적으로 평화로우려면 욕망을 줄이라는 이야기다.

오랫동안, 나는 대체로 이런 철학에 맞게 살아왔다고 생각했다. 이런 철학을 접하기 훨씬 전인 꼬맹이 시절부터 원하는 게 없는 아이였다. 아이들이 캐릭터가 잔뜩 그려진 2단 필통에 스티커를 붙이고 예쁜 펜을 모을 때, 나는 엄마가 억지로 사서 안긴 필통을 얌전히 버린 것을 들켜 엄마한테 된통 혼이 났다. 처음부터 "난 필통 안 사줘도 돼"라고 말했는데, 엄마는 "학생이 필통이 없는 게 말이 돼?"라며 사줬던 것이다. 연필 두 자루면 그만이었다. 물건만 그런 건 아니다. 이 나이가 되도록 밤잠을 잊게 하고 심장을 뛰게 하는 강렬한 꿈도, 야심도 가져본 적이 없다.

이뤄지지 않는 꿈에 허덕이거나, 사고 싶은 게 많은 사람들을 보면 은근히 안타까운 마음이 들었다. 하지만 오랫동안 원하던 물건을 마침내 구했다며 기뻐하는 사람부터 시작해 어떤 대상에 든 끈질긴 애정과 열정을 보여 결국 성취한 사람들을 보면, 신기하고 부러운 마음이 들기도 했다.

이 이중적인 마음과 오래 함께 살아오면서 욕망을 줄이라는 철학에 의문을 품게 됐다. 도저히 부정할 수 없는 논리인 건 변함이 없는데도 어딘가 이상하다는 느낌을 오래도록 떨쳐버릴 수 없었다. 몇 가지 경험 때문이었다.

첫째, 나는 요구 사항이나 불평불만도 없고 남들과 경쟁하지도 않는데, 주변 사람들이 나를 공격하거나 불편해했다. 필통을 사 달라고 조르는 아이보다 필통이 필요 없다는 내가 왜 더 야단을 맞고 미움받는지 의아했다. 엄마만 그랬던 게 아니라, 많은 사람들이 나의 태도를 불편해했다. 기자로 일할 때, 기자로서 자기 기사를 더 잘 보이게 하려고 되도록 넓은 지면을 요구해야 하는데도 나는 최대한 작게, 혹은 아예 안 실려도 상관없다고 해서 혼이 난 적도 있다. 속으로 생각했다. '크게 실어달라는 사람들 기사도 다 못 실어줄 판인데, 왜 저러지?' 직장 밖에서도 마찬가지다. 내가 아이를 경쟁에서 멀찍이 떨어지게 하고, 물건에 대한 소유 욕구를 줄이는 방향으로 키우는 것에 대해 생전 처음 보는 사람들까지 분개한다. 우리 아이들까지 같은 경쟁에 뛰어들면 안 그래도 좁은 문이 조금이라도 더 좁아질 텐데 말이다.

둘째, 나 자신도 이상했다. 어린 나는 엄마가 사준 필통을 도대체 왜 버렸을까? 안 쓰면 그만인데 말이다. 극단적으로 물건을 버리는 건 고집이 아닐까? 스스로 이해가 안 됐다. 이런 행동은 어른이 된 다음에도 계속됐다. 집에 공간이 없는 것도 아닌데, 굳이 남편과 힘들게 싸워가면서까지 물건을 버리려는 동기도 설명이 안 됐다.

셋째, 욕구와 욕망이 평균보다 좀 적은 삶을 살 뿐인데 내 주변과 마찰을 일으키게 되는 건 내가 그걸 떠들고 다녔기 때문일까? 그런 적 없는 것 같은데. 그렇다면, 나는 조용히 있는데 사람들이 유난히 평균과 다른 사람들을 민감하게 포착하는 걸까? 이것도 정말 그런지 의문이다.

철학자 에피쿠로스의 사상보다 더 재미있는 건 사후 역사 속에서 그의 명성이 변해가는 과정이다. 그는 정치 권력도 탐하지 않고 시골에 살면서 마음이 맞는 친구들과 이야기를 나누고, 소박한 음식을 즐기며 검소한 생활을 했고 질병의 고통을 당할 때는 이런 기쁨을 누렸음을 감사하며 견뎌냈다. 이런 삶이 진정한 쾌락이라고 했다. 욕망이 딱 그만큼이었으니. 하지만 그는 살아 있을 때부터 최소 몇백 년 동안 공격과 비난, 중상모략에 시달렸다. 쾌락주의의 아이콘이 되어 방종한 섹스와 무절제한 생활을 한 결과 병에 걸려 죽은 사람으로 조롱당했다. 일반인뿐 아니라, 역사를 기록했던 플루타르코스 같은 학자나 세네카 같은 스토아 철학자들, 권력자들도 에피쿠로스의 진짜 모습을 가리고 그를 욕망에 찌든 미치광이로 만들기 위해 애써 기록을 덧칠하려는 치열한 노력을 했다. 사람들은 아무런 정치적 주장도, 권력에 대한 욕심도 없는 에피쿠로스를 왜 그렇게 미워했을까?

나는 에피쿠로스처럼 검소하지도 않고 대철학자도 아니기에 그처럼 박해받지도 않는다. 다만 주변 사람들의 평범의 기준에서 약간 벗어난 딱 그 정도만 불편하다. 혹은 나 혼자 느끼는 불편함일 수도 있다. 그러니까 평범의 기준에서 벗어나 사치와 탐욕에 빠지든, 반대로 욕구를 거부하든 결국에는 사회적 존재로서는 똑같은 마찰을 유발하게 되는 셈이다.

불교의 경전을 읽어도 어딘가 이상한 기분이 드는 건 마찬가지다. 왕자로 태어난 싯다르타가 출가하는 것을 막고자 아버지 슈도다나 왕은 그가 인생의 고통을 맛보지 않게 그 주변을 온갖 좋은 것들로만 채운다. 궁전을 세 채 짓고 여러 아내를 들이는 등 부귀와 향락으로 가득한 삶을 누릴 수 있게 만들어줬다. 그 화려한 노력들의 기록을 읽고 농사 짓다 말고 공사에 동원됐을 평범한 사람들을 상상하며 나는 웃지 않을 수 없었다. 싯다르타가 의도한 것도 아니고, 결국 나중에는 더 많은 사람들에게 빛이 됐으니 이러한 사소한 고통과 희생은 괜찮은 걸까? 그건 결과론적인 사고방식이다.

불교 경전에는 부처님뿐 아니라, 해탈에 가까이 간 스승들이 여럿 나온다. 그들의 가르침과 수행은 누가 감히 뭐라 할 수 없을 정도로 높지만 그 주변 사람들은 허구한 날 깨우치지 못했다며 꾸지람을 듣는다. '그렇게 혼나면서까지 깨우치고 욕망과 집착을 버려야 할까?' 그런 생각이 드는 걸 보면, 나는 지독하게 평범하고 세속적인 사람이다.

프랑스의 대표적 철학자이자 문인 롤랑 바르트는 예순두 살에 여든이 넘은 어머니를 여읜다. 그 일로 바르트는 절망과 슬픔에 빠져들어 삶의 의지를 잃는다. 2년 후 세탁소 트럭에 치인 그는 치료를 거부하고 죽는다. 그가 어머니 없는 세상에서 굳이 살아갈 이유를 잃었을 거라는 추측을 가능하게 하는 책이 『애도 일기』이다. 어머니가 돌아가신 다음 날부터 시작해 330개의 작은 카드에 기록된 그의 비애는 때로 집요하기까지 하다. 사이가 돈

독했던 어머니를 잃는 일은 몇 살이라도 슬픈 일이겠지만 예순 넘은 나이에 생의 의지를 상실할 정도의 절망을 느낀다는 것이 낯설게 느껴진다. 슬픔의 욕구를 자신만의 방식과 강도로 마음껏 표출한 이 일기를 보며 생각했다. 과연 집착과 욕망을 줄여야 할 필요가 무엇일까. 세상 모든 사람들이 슬픔을 극복하고 사는 게 훌륭하고 아름다운 일이라고 할 때, 그는 자신의 욕구에 충실했다. 옳고 그름이 아니라, 자신의 강렬한 감정과 욕구에 그토록 충실했다는 사실이 놀랍다.

결국 '욕망을 줄인다, 욕망이 없다'는 것은 사회적 맥락 안에 있는 인간에게는 가능하지 않을지도 모른다. 욕망이 없다는 것은 이미 사회, 문화적으로 '무엇을, 얼만큼' 욕망해야 하는지를 전제하고 있는 거니까. 필통이 없어도 괜찮기 때문에 행복한 것이 아니었다. 욕망과 행복은 아무런 관련이 없었다. '남들은 필통을 욕망하는데 나는 욕망하지 않는다.' 욕망하지 않는 건 '나'가 되는 강력한 방법이었던 것이다. 내가 필통을 원한다는 것 역시 '나'가 되는 것이다. 욕망, 꿈, 욕심은 지극히 사회적인 존재로서 '나'가 되는 통로다.

그래서 나는 욕망에 항복하고 복종하기로 했다. 욕구하지 않고 싶다면 그것도 나만의 욕망이다. 나는 수도자도 아니고, 철학자도 아니고, 그저 '나'의 삶을 사는 한 인간이니까. 진실한 '나'

가 된다고 해서 행복해지거나, 인생의 깊은 의미에 접근하는 것은 아니다. 그저 '나'가 되는 것이다.

본격적으로 내 욕망대로, 욕구대로 살아보기로 한 건 이곳, 미국 워싱턴주의 시골에 살면서부터다. '방탕하게 살아보자! 도대체 내가 뭘 하고 싶은지 보자!' 이런 마음으로 이사를 왔다. 처음 1, 2년은 고속도로를 타고 왕복 1시간 반을 운전해 도시로 가서 카페에 가고, 외식을 하고, 근사한 빵집에도 갔다. 일주일에 두세 번 이런 나들이를 하면서 살았다. 고작 이러면서 시간과 돈을 낭비한다며 반성하지도 않았다. 거기에도 지친 다음에는 땡볕에서 눈앞이 하얗게 될 때까지 딸기를 심고, 다 합쳐서 몇백 그루나 되는 블루베리며 사과나무 묘목을 심고, 식물을 채취하러 다니기도 했다. 그러다가도 아무것도 하기 귀찮은 날이면 하루 종일 잠만 잤다.

그러면서 내가 욕망이 없는 사람으로 태어난 게 아니라는 것을 알게 되었다. 남들이 갖는 필통이나 번듯한 직업, 멋진 소파나 텔레비전에 대한 욕망이 없는 것이 아니라, 나 스스로 이해가 가지 않는 남들의 욕망으로부터 나를 지키고자 하는 욕망이 강했다. 막상 나에게서 시작된 욕망에는 그 누구 못지않게 충실했다. 어느 해 여름에는 젤라토에 꽂혀서 두어 달 내내 매일 먹었다. 쫀득함과 크림 함량이 가게마다 브랜드마다 어떻게 다른지,

그중에 내가 무엇을 가장 좋아하는지 꼼꼼히 음미했다. 갑자기 이탈리아 파스타 제조의 역사와 지방마다 다른 요리법의 전통에 대해 알고 싶어지면, 그것도 밤을 새워 공부했다. 식당을 차리거나 나중에 글을 쓸 목적이 있는 게 아니라, 그냥 알고 싶은 욕구에 충실한 것뿐이었다.

욕망을 줄이는 일이 나에게 불가능한 고행처럼 느껴지는 이유는 욕망이 바로 '나' 자신이기 때문이다. 에피쿠로스를 두려워하고 미워했던 사람들은 욕망을 마음껏 따르면 타락하고 남들에게 피해를 주게 되지 않을까 걱정했다. 하지만 적어도 우리의 욕망을 극대화시켜 거의 무한대의 소비를 부추기는 현대의 자본주의 사회에서는 나만의 고유한 욕망과 욕구를 정확하고 정밀하게 아는 것이 오히려 소비의 피곤을 줄여준다. 내가 진짜 원하는 게 아니라면, 아무리 싸도 갖지 않는다. 아무리 사회적으로 칭송하는 가치라도 내가 원하지 않으면 추구하지 않는다. 넘쳐나는 지식 사이에서 내가 정말 궁금해서, 알면 내게 기쁨을 주는 것만 파고든다. 그렇게 나의 욕망을 소중하게 탐구하다 보면 나와 다른 욕망을 가진 사람들에게도 점점 너그러워지는 나를 발견한다.

그것은
나의 권리가 아니다

　누군가 내게 실망하지 않는 법에 대해 물었다. 상황을 생각하면 내가 무척 천진난만해 보인 모양이다. 그럴 만했다. 기자가 되었지만 5년을 못 채우고 그만두었고, 좋다는 대학에서 영문학을 전공했는데 직업에 조금도 활용하지 않았고, 심리학 박사학위도 받았지만 6년간 공부만 즐기다가 지금은 시골에서 직접 구운 빵을 판다. 아니, 팔다가 코로나 세상이 되어서 그것도 중단했다. 세상의 눈으로 보기에 다 실패라고 부를 만한 것들이다. 그런데 정작 나는 대체로 신이 난 얼굴로 빵을 굽고 애들과 낄낄거리고 멍하니 책을 뒤적인다.

그래서 나는 내가 실패하고도 태연한 이유보다, 왜 대부분의 사람들이 상처를 받는지 궁금해졌다. 우리는 왜 실패에 그토록 상처받고, 결과적으로 배우지 못하고 덮어두게 되는 걸까. 그것은 아마도 기대한 결과를 얻지 못해 실망하고, 남들에게 창피하고, 내가 들인 노력이 헛수고가 됐다는 슬픔이나 분노 때문일 것이다.

소로는 『월든』에서 다음과 같은 일화를 들려준다. 어떤 마을 사람이 부자 변호사를 찾아가 자기가 짠 바구니를 사달라고 한다. 하지만 거절당한다. 그러자 마을 사람은 화가 나서 말한다. "당신은 나를 굶겨 죽일 작정입니까?" 마을 사람이 화를 낸 이유는 대략 다음과 같았다. '변호사는 말이나 엮어내면서 저렇게 잘 사니, 나도 사업을 해야지. 내가 잘하는 건 바구니 짜는 일이지. 내가 바구니만 짜면, 사주는 건 변호사가 할 일이야.' 마을 사람은 화를 낼 것이 아니라 살 만한 가치가 있는 바구니라고 믿게 만들거나, 아니면 변호사가 사고 싶은 다른 물건을 만들어야 한다고 소로는 말한다.

우리가 실망하고 화가 나고 슬플 때를 돌이켜보면 마을 사람과 같은 입장일 때가 많다. 공부를 이렇게 열심히 하고 스펙을 쌓았는데 왜 내가 원하는 직장이 없을까? 혹은 직장에서 건강과 시간을 소진해가며 열심히 일하고 있는데, 왜 인정받지 못할까? 가족이나 친구에게도 내가 이토록 할 만큼 했는데 왜 나를 알아주지 않을까? 그런데 가만히 생각해보면, 그들이 나에게 그런 요구를 한 적이 없다. 설사 요구가 있었다 하더라도, 그 후의 대가에 대한 약속을 한 적이 있었던가?

내가 대학교에 입학할 때는 문과와 이과의 직업 안정성 전망에 차이가 없었다. 심지어 당시 어른들은 이과생은 그냥 기술 실무에 머물고, 더 높은 출세나 기업 경영은 문과생들이 한다는 조언까지 했다. 지금은 고대 전설 같은 이야기다. 내가 살게 된 현실은 전혀 달랐다. 그런데 생각해보면 이 세상이 영원히 변하지 않을 거라고 나에게 약속한 적이 없었다. 나 혼자 멋대로 믿었다. 그리고 더 솔직히 말하자면 그냥 문과가 재미있었다. 요즘 태어났어도 나는 문과 공부를 하거나 아니면 간신히 성적에 맞춰 이과 공부를 하면서 힘들어했을 것이다.

가족이나 친구들, 주변 사람들에게 불만이 생길 때도 『월든』속 마을 사람을 생각하면 분노가 살짝 가라앉는다. 나의 권리라고 믿는 것도 나 자신이고 무언가를 요구하는 것도 나 자신이다. 범죄에 해당될 정도로 나를 감금하거나 폭력을 가하거나 사기를 친 사람이 아니라면, '너는 나에게 이만큼 해야 한다'는 것은 내 생각이다. 마을 사람이 '내가 만들었으니 넌 사줘야 한다'라고 생각한 것처럼. 예를 들어 결혼 전에 온갖 약속을 다 하고 배우자가 그것들을 지키지 않았다고 해도 마찬가지다. 이 사람이 약속을 지킬 거라고 믿은 건 나의 선택이었다. 결혼할 만큼의 나이라면 약속이라는 건 어떻게든 깨진다는 것쯤은 경험으로나 상식으로나 안다. 그럼에도, 내가 사실이길 원했기 때문에 믿었던 것이다.

여기까지 생각하면 실망을 멈추고 기대를 낮추게 되기보다는 어쩐지 더 화가 나고 억울한 기분이 든다. 여전히 세상이나 사람들에게 속았다는 생각이 지워지지 않는다. 이 이야기가 여기서 끝나면 전혀 공평하지 않기 때문이다. 이야기의 반대편을 살펴봐야 한다.

변호사가 내가 짠 바구니를 내가 만족할 만한 가격에 사준 경우는 어떨까? 변호사에게 감사해야 할까? '누가 너더러 바구니를 짜래? 너 좋아서, 너의 판단으로 짠 거잖아'라는 논리를 받아들이자면, 변호사가 바구니를 산 것 역시 나를 위해서가 아니라 변호사 자신이 필요하니까 샀을 뿐이다. 갑자기 솟아난 선의를 충족시키려고 그랬든, 귀찮아서 그랬든 이유는 중요하지 않다. 전혀 감사하거나 기뻐하지 않아도 된다. 이 세상이나 타인에게 기대하거나 원망하는 마음과 감사하고 기뻐하는 마음은 사실 똑같은 동전의 양면인 셈이다.

'어떻게 그래도 차마 감사하지 않을 수가 있지?' 이런 불편한 생각이 든다. 불편함을 꾹 참고 생각을 밀고 나가야 하는 이유는 지금까지의 경험 탓이다. 책을 읽으며 혼자 생각할 때는 세상의 이런 이치를 납득할 수 있을 것 같다. 제 나름대로 공정한 세상이니까 내 마음대로 살면 되겠다 생각한다. 그런데 막상 현실에서 기대가 배반당했을 때 나는 여전히 무슨 약속이라도 받았던 것처럼 분노한다. 내 안에 여전히 당위적인 기대가 있기 때문이다. 감사하는 마음을 느끼고, 거기에 맞게 행동하는 것은 두말할 필요 없이 바람직한 행동이다. 그런데 바로 이런 마음과 행동이 나중에 내가 감사와 대가를 기대할 때 무의식적으로 작용한다. 억울한 마음으로. 어쩌면 감사하는 마음도 나 자신의 의로움, 올바름을 위한 것으로 사용하는지도 모르겠다. 적어도 나의 이런 마음의 작동은 지독히 자기중심적이다. 그래서 더 꼭꼭 씹으며 생각을 조금이라도 더 밀고 나간다.

이 세상에 대한 꿈과 이상도 마찬가지다. '세상을 위해 좋은 일을 하겠다', '세상을 더 좋은 곳으로 만들겠다', '세상이 지금보다 더 나은 곳이어야 한다'… 이런 생각 역시 바구니를 짠 마을 사람 같은 생각이다. 이 세상을 지금보다 더 나아져야 하는 곳으로 판단하는 것도, 변화를 위해 내가 무언가를 해야 한다는 것도 온전히 나만의 판단이다. 그럼에도 변화를 위해 살기로 했다면 당신의 선택일 뿐이다. 세상은 요구하지 않는다. 당신을 필요로 하지 않는다. 그런 만큼 세상에 무엇을 해줄 필요도, 감사하거나 보답할 이유도 없다. 그런 부담이 없을 때 세상에 대한 원망과 분노에 빠지지 않을 수 있다. 비로소 공평해졌으니 말이다.

이런 기분이 될 때 자주 흥얼거리는 노래가 있다. 소로의 마을 사람과 변호사를 떠올리면서 어반자카파의 〈널 사랑하지 않아〉의 가사를 곱씹으면 정말이지 거의 모든 일이 괜찮아진다. 달콤하고 포근한 위로를 받아서가 아니라, 내 노력과 꿈과 나의 사랑을 받아주지 않는 세상과 사람에 대한 모든 마음이 잠잠해진다.

널 사랑하지 않아. 너도 알고 있겠지만. 눈물 흘리는 너의 모습에도 내 마음 아프지가 않아. 다른 이유는 없어. 미안하다는 말도 용서해달라는 말도 하고 싶지 않아. 그냥 그게 전부야. 이게 내 진심인 거야.

여기까지 생각을 밀고 나가면, 허탈해질 수밖에 없다. 존재론적인 우울증에 빠질 수도 있다. 실은 이 노래를 들을 때마다 눈물이 나려고 한다. '이 세상은 이토록 아름다운데 어떻게 사랑하지 않을 수가 있을까? 내 아기를 위해 무슨 일이든 해주고 싶은데, 그리고 나의 엄마 역시 나를 위해 그렇게 희생했다는 걸 아는데, 어떻게 사랑하지 않을 수 있을까? 그러면 무슨 재미로, 무슨 의미로 어떻게 살아야 한단 말인가? 모든 사람이 이렇게 살면 이 세상은 정말로 만인에 대한 만인의 투쟁 상태가 돼버리지 않을까?'

실제로 많은 철학자들이 존재론적 우울증에 빠졌다. 몽테뉴, 박지원, 니체, 루소, 스피노자, 톨스토이. 나를 구박하고 잔인하게 대하는 세상보다 나를 더욱 슬프게 하는 것은 철저하게 무심한 세상이다.

그런데 소로의 변호사와 마을 주민의 이야기는 여기서 끝나지 않는다. 소로가 무심한 세상을 향해 하고 싶었던 이야기는 그다음에 나온다.

> 나도 섬세한 바구니를 짰다. 그러나 내가 만든 바구니는 누구도 사고 싶어 할 만한 가치가 없었다. 그러나 내게는 이 바구니를 짤 만한 충분한 가치가 있었다. 그래서 사람들이 내 바구니를 사게 만드는 방법을 궁리하는 대신, 내 바구니를 팔지 않고도 내가 살아갈 수 있는 방법을 연구했다. 사람들이 칭찬하고 성공적이라고 여기는 삶은 여러 가지 삶의 모습 중 하나일 뿐이다. 우리는 왜 각기 다른 온갖 삶의 방식들을 제쳐두고 하나의 삶의 방식만을 과대평가해야 하는가?

소로는 그럼에도 불구하고 바구니를 짰다. 바구니 짜기를 포기하겠다고 하지 않았다. 팔지 않고도 살아갈 수 있는 방법을 연구했다. 그는 실제로 팔리지 않는 책을 썼고, 수지가 맞지 않는 학교 운영을 했고, 그가 운영한 연필 공장은 저렴한 외국산 연필에 밀려 고전했다. 그렇지만 자신이 좋아하는 책을 읽고, 글을 쓰고, 자연에서 사색하면서, 생계는 측량을 하거나 간간이 가정교사 일을 하면서 충당했다. 소로는 살면서 결국 사회적 성공이랄 만한 것을 거두지 못했고 젊은 나이에 죽었다.

소로의 삶이 보여주듯 나만의 바구니를 계속해서 짠다고 세상이 알아봐준다는 보장 같은 건 없다. 그러나 소로의 인생이 불행했냐고 하면 아닐 것 같다. 그는 자신에게 기쁨을 주는 방향으로 계속해서 살아나갔다. 세상이 무심하든 아니든, 주어진 자유를 누렸다. 이따금 그 섬세한 바구니를 알아보는 에머슨 같은 친구나 독자 앞에서 세상과 통하는 그만의 길을 발견했을 것이다.

일단,
감사와 이해를 멈추다

나는 소심하다. 안전지향형이다. 한창 돈에 몰두하던 시절 증권사에서 투자 성향 테스트를 받았는데, 나를 상담해주던 사람이 주식을 아예 안 하는 게 좋겠다고 했다. 과감한 결단과 실행은 나와 거리가 먼 이야기들이다. 그런데 어쩌다 보니 텔레비전도 없는 시골집에서 직장도 안 다니며 직접 구운 통밀빵과 찐 야채를 주식으로 먹고 살고 있다. 스마트폰도 없다. 더 신기한 건나만 그런 게 아니라 가족이 다 함께 와서 그렇게 살고 있다는점이다. 남편은 물론 고등학교 2학년, 초등학교 4학년 아이들까지. 한때 우리 가족이 살았던 삶과는 많이 멀어진 셈이다.

많은 사람들이 내게 가족들이 어떻게 이런 결정을 따라줬냐고 묻는다. 그런데 나는 가족들에게 이렇게 살자고 열심히 설득한 적도, 가족들과 크게 갈등한 적도 없었다. 나부터도 이렇게 살게 될지 몰랐고, 어느 날 결심을 내리고 모든 걸 바꾼 게 아니기 때문이다. 물론 내가 이런 아이디어를 하나씩 제안했을 때 식구들이 기다렸다는 듯 환호했던 것도 아니다. 그런데 지금은 이런 생활이 좋다고 한다. 어째서 가족들까지 이리 순순히 삶을 바꾼 걸까, 나도 모르는 내 역할이 있었나 궁금하기도 해서 아이들에게 직접 물어봤다.

"너희들은 어떻게 변화에 적응한 거야? 엄마가 너희들을 어떻게 설득했지?"

아이들은 대답할 말이 생각나지 않는지, 한동안 멀뚱거리다 말했다.

"음. 엄마가 시키는 대로 한 건 맞아. 그런데 생각해보면 엄마가 뭘 시킨 적이 없어. 그게 이상한 거지."

바로 이 지점이 변화를 위한 첫 조건이라고 생각한다. 변화시키겠다는 목표와 의지를 버리는 것. 변화가 필요 없게 되어야 그때 변화가 제 발로 찾아온다.

변화는 어렵다. 아니, 거의 불가능한 것 같다. 남편이나 아이들은 고사하고, 내게서 바꾸고 싶은 것들을 나의 의지대로 변화시킨 적이 거의 없다. 그런데 일시적이지 않은 진짜 변화들은 오히려 아무래도 상관없다는 마음이 됐을 때 나도 모르게 찾아왔다.

나는 20대와 30대를 프로이트를 비롯한 학자들의 정신분석 이론에 빠져 지냈다. 어린 시절의 기억이 시작되는 순간부터 엄마와 관계가 원만했던 적이 없었다. 부모님들의 관계도 마찬가지였다. 성인이 된 다음 어릴 때 부모에게서 말로 상처를 받고 가정불화를 겪으면 성인이 되어서 다양한 문제를 겪는다는 심리학 이론에 심취했다. 내 안에 있는 상처받은 아이를 치유해야 한다는 조언에도 솔깃했다. 공부해보니 엄마 역시 나보다도 많은 상처를 받은 아이였고 그것을 대물림했을 뿐이라는 것까지도 이해가 됐다. 그런데 도대체 바뀌는 게 아무것도 없었다. 변화까지는 바라지도 않고 치유라도 되나 했는데, 분노가 더 치밀어 올랐다. 그러니 사이가 더 나빠졌다. 이론의 옳고 그름을 판단하는 전문 학자로서가 아니라 오로지 나 자신의 변화를 위해 공부한 것이니, 이 이론은 쓸모가 없었다.

어린 시절의 상처라는 개념 자체를 버렸다. 그리고 어린 시절을 새로운 눈으로 바라봤다. 어린 시절에 매일같이 혼나고, 부모님이 매일 싸워서 정서가 불안정하다고 믿었다. 그런데 그때 나를 되돌아보니 그렇지 않았다. 강철 심장에 얼굴이 뻔뻔하도록 두껍다. 남들이 나를 어떻게 볼까 염려하지도 않고, 누가 싫은 소리를 해도 신경이 안 쓰인다. 보통 사람들이 주위 사람 눈치 때문에 차마 못하는 행동들도 그냥 해버리곤 한다. 힘든 일이 있을 때면 생각한다. '어려서 아무런 힘이 없을 때, 엄마의 비난이나 부모님의 불화도 견뎠는데, 이 정도 가지고 뭐.' 실제로 지금까지 엄마보다 더 심하게 나를 대하는 사람은 한 명도 없었다. 정말이지, 세상 사람들은 하나같이 내게 너무나 친절하다.

어린 시절을 상처라고 해석했을 때는 내가 상처받지 않기 위해 도망가는 사람이라고 믿었다. 그런데 어린 시절에 독특한 조기 훈련을 받았다고 생각하니 내가 굉장히 자유로운 사람이라고 느껴지기 시작했다. 그러자 인생이 정말 재미있어졌다. 지금은 나의 어린 시절에서 어떤 것도 바꾸고 싶은 생각이 없다. 겨우 20년 훈련받고 평생 자유라는 티켓을 얻었으니. 나의 어린 시절을 바꾸고 싶다는 생각이 진심으로 사라지자 드디어 나 자신이 다른 사람으로 변했다. 냉정하고 완벽을 추구하던 사람에서 무지하게 잘 웃고, 사람을 마음껏 좋아하고, 뭐든지 하고 싶은 만큼 하고 넘어가는 사람이 되었다.

엄마에 대한 감정 역시 변했다. 엄마도 상처받은 가엾은 사람이라고 생각할 때는 막상 만나면 분노를 참을 수가 없어서 좋은 시간을 보낼 수도 없고, 때로는 엄마에 대한 죄책감에 괴롭기도 했다. 그런데 엄마를 내가 과거에 받은 독특한 훈련의 일부로 바라보자 드디어 화가 나지 않았다. 엄마는 현재의 나에게 아무런 영향을 끼칠 수 없다는 사실이 보였다. 지금도 예전처럼 내게 악담을 하지만 과거에서 오는 소리로 들린다. SF영화에 등장하는 시간 이동처럼. 돌이켜보면 엄마를 이해하려고 했던 것 역시 엄마를 변화시키려는 나의 의도에서 나온 행동이었다.

엄마도 그분 나름 아등바등 당신을 희생했으니 그것만으로도 엄마에게 감사와 사랑을 느껴야 한다고 다짐했지만 도저히 안 됐다. 그 대신 엄마도 그냥 소로가 이야기했던 바구니를 팔려다가 실패한 마을 사람일 뿐이라고 생각하기 시작했다. 엄마 멋대로 바구니를 백만 개쯤 짜서 나에게 팔려고 했던 것이다. 여기서 내가 지불해야 하는 돈은 나의 무한한 애정과 존경일 것이다. 그런데 나는 엄마가 짜준 바구니가 그렇게 많이 필요 없는데, 그걸 억지로 전부 사야 한다는 압박에 시달렸다. 엄마가 나를 위해 무얼 희생했건 그건 엄마의 바구니일 뿐, 나에게 그걸 사야 할 의무는 없었다.

그러자 나 역시 엄마에게 마을 사람처럼 행동했다는 걸 깨닫게 됐다. 엄마니까 나를 있는 그대로 보아주고 기다려주고 따뜻하게 대해달라는 요구. 이유는 내가 딸로 태어났으니까. 그게 내가 엄마에게 팔려고 했던 바구니였다. 엄마가 지불해야 하는 돈은 내가 원하는 너그러움과 관심이라고 멋대로 생각했다.

서로가 사고 싶은 바구니를 가진 엄마와 딸로 만나지 못한 것이 안타깝긴 하지만, 거기까지다. 엄마가 내게 상처 주었다는 생각도, 내가 엄마에게 미안해하거나 고마워해야 한다는 생각도 버렸다. 엄마는 자기 방식대로 엄마이고 나는 나의 방식대로 딸일 뿐이다.

엄마로서 느끼는 죄책감이나 불안도 마찬가지다. 세상이 나를 부족한 엄마로 보거나 언젠가 내 아이들이 나를 원망하는 날이 올지도 모르지만, 나는 그날을 걱정하며 죄책감이나 미안한 마음으로 아이들을 기르고 싶지 않다. 좋은 엄마가 되어야겠다고 생각하지 않는다. 내가 생각한 '좋은 엄마'가 아이들에게도 좋을지 모르겠기 때문이다. 내 방식대로 엄마이면 그만이다. 그것이 내가 할 수 있는 전부다. 따라서 아이들이 어떤 행동을 해야 한다거나 어떻게 커야 한다는 기준이 없고, 더욱이 엄마인 나에 대해 아이들이 감사하거나 사랑해야 한다는 의무감을 갖기를 바라지도 않는다. 나는 내가 되고 싶은 엄마가 되고, 너는 네가 되고 싶은 딸이 되면 그만이다.

남편과의 관계도 그랬다. 우리는 치열하게 싸웠다. 결혼 생활의 문제를 고치고 싶었다. 물론 주로 내가 남편을 바꾸고 싶어

했다. 어림도 없었다. 자연스럽게 이혼을 생각했다. 두려움과 절망을 느끼며 이혼할 생각으로 나의 결혼 생활을 다시 봤다. 그랬더니 신기하게도 기분이 좋아졌다. 이혼을 할 수 있는 것도 결혼을 했기 때문인데, 아무것도 안 한 것보다 훨씬 낫다는 생각이 들었다. 멀쩡한 아이들이 둘이나 생긴 것이 제일 컸다. 내 아이 둘을 보니, 딱 이 애들이어야 한다. 다른 남자와 아이를 낳았어도 똑같이 사랑했을 것 같지 않았다. 그것이 사실인지를 떠나 나는 분명히 그렇게 느꼈다. 나는 결혼하지 않았더라면 생기는 돈을 다 써버렸을 텐데, 분할할 재산이라도 생긴 건 결혼해 돈을 모았기 때문이라는 것도 깨달았다. 언제 이혼해도 나는 실패한 것이 아니라, 꽤 괜찮은 결정을 한 거라는 것을 깨닫고 나니까, 더 이상 결혼이나 남편을 바꾸는 데 관심이 없어졌다.

포기나 이해와는 달랐다. 그 전에도 포기하거나 남편을 이해하자고 마음먹었지만 결국 폭발하곤 했었다. 그런데 신기한 건, 이때부터 남편도 바뀌고, 나도 바뀌고 결혼 생활도 바뀌었다.

남편이 40세에 은퇴할 때도 상황은 비슷했다. 남편은 뼛속까지 도시인이다. 오래 쇼핑을 즐기고, 고급스러운 식당을 좋아하고, 양복과 셔츠를 갖춰 입는 것을 즐기고, 커피를 테이크아웃해 오피스 빌딩 사이를 걷기 좋아한다. 문제는 내가 첫 아이를 낳고 나서, 시골로 이사해 농사 지으며 아이를 키우고 싶어진 것이다. 남편과 이 문제를 놓고 싸우고 또 싸웠다. 하지만 남편이 날 속인 것도 아니고 변한 건 나니까, 이혼도 남편을 설득하는 것도 포기하고, 도시에서 살면서 시골 생활에서 원하는 것들을 찾아내기 시작했다.

그리고 10년이 지나, 갑작스럽게 남편이 회사를 그만두겠다고 했을 때, 새벽까지 말렸다. 은퇴 자금을 준비해둔 것도 아니니, 시골에 이사라도 가야 생활이 될 게 뻔했다. 남편이 12년 동안 서울 한복판에서 일하는 동안 나는 시골에서 살면서 느끼고자 했던 즐거움을 도시에서 발견하는 기술들을 터득했다. 이젠 시골에 갈 필요가 없어졌는데, 바로 그때 남편이 변했다.

도대체 왜 그럴까? 신이 있다면 인간을 놀리는 걸까? 인간이 간절히 원할 때는 들어주지 않다가, 막상 그런 변화가 필요 없어지면, 변화가 찾아오는 게 얄궂다. 하지만 가만히 들여다보면 원인은 있다. 나는 다른 사람을 변화시키려는 시도를 그만뒀다. 대신 나의 주인이 됐다. 지금을 나의 행동, 나의 책임, 나의 것으로 만들었다. 불행이나 잘못의 원인과 책임을 나에게 돌리지 않고, 그 상황을 내 일부로 인정했다. 내 힘으로 잘못과 불행을 없애는 것이 아니라, 그 자체가 내 것이라는 결단을 내렸다.

어린아이라서 어른의 행동에 영향을 받고 상처를 받을 수 있지만, 거기서 나아가 지금의 나를 만든 훈련으로 인식하는 것은 나의 결단이다. 서로의 단점에 집착하며 더 나은 관계로 바꾸려고 발버둥 치기보다 결혼이 준 기회를 인정하는 것도 내 결정이다. 나에게 맞지 않는 회사나 도시의 문제에 내가 당하는 것이 아니라, 그 상황의 중심에 선다.

변화를 만들어낼 수 있는 힘보다 더 상위의 강력한 힘은 변화가 필요 없는 맥락과 상황을 만드는 것이다. 그 정도의 힘이 생기면, 변화가 드디어 저절로 찾아온다. 정확하게 말하자면 변화가 아니라 변화가 필요 없는 맥락에 모든 것이 적절하게 들어맞는다. 맥락을 만들 때의 장점은 '주인 되기'를 나 혼자만 독점할 필요가 없다는 데에 있다. 내가 바꾸고 싶은 상대도 그 나름으로 자기중심이 있다. 그들이 변했다면 그들의 선택이었을 것이다. 그래서 그들에게 성급하게 고마워하지도, 미안해하지도 않는다. 그들이 변화하기를 기대하지 않는 것처럼.

가르칠 것은
아무것도 없지만

헨리 소로는 『월든』에서 연장자들로부터 살아가는 데 도움이 되는 조언을 듣거나 배운 적이 단 한 번도 없다고 단언한다. 이 구절을 읽기 전까지 나는 이미 성공한 사람, 혹은 반면교사가 될 수 있는 비슷한 경험을 했던 선배들에게 배우고자 하는 열망이 가득했다. '저 사람은 어떻게 저 힘든 과정을 견디고 성공했을까?' '아이가 저렇게 부러울 만큼 잘 컸는데 (혹은 별로인 인간으로 컸는데) 부모가 도대체 뭘 한 걸까?'

그런데 소로의 이 도발적인 주장의 근거를 곱씹으며, 나도 내 인생에 멘토를 찾는 노력을 그만뒀고, 대신 나 역시 누구에게도 가르침을 주는 선배가 되지 말자고 결심했다. 특히 내 아이들에게도 말이다. 지독하게 이상한 주장인 만큼 그 근거를 소로의 언어로 되짚어봤다.

나이가 많다는 것은 교사로서 자격을 따지자면 젊음보다 더 훌륭하지 않고, 그 자체로도 좋은 자격이 되지 못한다. 왜냐하면 나이가 들면서 잃어가는 것에 비하면 얻은 것이 없기 때문이다. 가장 현명한 사람조차도 살면서 절대적인 가치를 배웠는지 의심해봐야 한다. 나이 든 사람들은 젊은이들을 위한 중요한 조언이 없다. 왜냐하면 그들의 경험은 단편적이고, 그들 자신도 믿고 있듯 각각 개인적인 이유로 그들의 삶은 비참한 실패이기 때문이다. 그들에게 남아 있는 믿음이라는 것도 그들의 경험과 반할 가능성이 높고 나이만 먹은 것뿐일 경우가 많다.

이 주장은 언뜻 나이 든 사람과 젊은이를 가르고 기득권자, 연장자의 실패를 조롱하고 그들을 무시하자는 도발과 반항처럼 읽힌다. 하지만 좀 더 자세히 읽어보자. 가만 보면 이 글에는 젊은이와 늙은이를 가르는 나이의 기준이 없다. 큰아이는 초등학생이었을 때부터 여섯 살 어린 동생에게 자주 이런 말을 했다. "너는 많이 안 살아봐서 몰라. 네 마음이 어떤지 너보다 언니가 더 잘 알거든." 누구든 늙은이이기도 하고 젊은이이기도 하다. 따라서 이 주장을 제대로 음미하려면 이것은 중년이 청년들에게 하는 잔소리에 대한 이야기가 아니라, 조언이 이루어지는 모든 상황에 대한 이야기라는 것을 알아채야 한다. 누구든 태어나는 순간부터 늙어가기 시작한다.

소로는 나이가 든다는 것에 대해 보통의 상식과는 다른 독특한 진술을 하고 있다. 나이가 든다는 것이 무언가를 얻어가는 과정이 아니라 잃는 것이라고 말이다. 이상한 주장이다. 태어나서 말도 배우고 이런저런 요령도 터득하고 돈도 버는 등 뭐라도 쌓아가기 마련이다. 그런데 소로는 왜 반대의 이야기를 하는 걸까? 소로가 말하는 나이 들면서 잃는 것은 무엇일까?

누구든 한 번의 인생을 사는데, 산다는 것은 매 순간의 선택을 쌓아가는 일이다. 선택이란 오로지 하나를 택하는 것인데 자연히 버려진 무한히 많은 가능성이 생긴다. 가지 않은 길 말이다. 현명한 사람, 존경할 만한 사람, 성공한 사람이 없다는 것이 아니다. 하지만 그들조차도 무수한 가능성 중 단 하나의 인생을 살았기 때문에 그들이 살아보지 않은 다른 가능성에 대해서 그들은 할 말이 있을 수가 없다는 뜻이다. 여기서 나이 든 사람의 말을 듣지 않고 제멋대로 하겠다는 치기 어린 반항이 아니라 삶에 대한 진정한 겸허한 태도를 만나게 된다. 인생의 성공과 완벽에 대한 기준을 버리는 것이다. 인생은 그저 사는 것이지 '잘' 살아야 하는 숙제가 아니다. 아무도 '잘' 살 수가 없다.

부모와 자식의 관계야말로 영원히 연장자와 젊은이의 관계다. 부모이기 때문에 뭐 하나라도 가르쳐야 할 것 같고, 내가 했던 어리석은 실수를 되풀이하지 않게 해주고 싶고, 혹은 나의 성공을 복제하게 해주고 싶다. 하지만 소로를 곱씹으며 알았다. 내가 30여 년 더 먼저 살았던 것은 아이에게 아무런 도움이 되지 않는다. 하지만 자식을 가르치지 않고 어떻게 키울 수가 있을까? 그 해답 역시 소로의 같은 구절에서 찾았다. 젊음에게 배우는 것이다. 젊은이가 무슨 가르침을 주는 것이 아니라 젊음 자체가 가진 무수한 가능성 앞에 나 자신을 활짝 열어놓으라는 뜻이다.

이 뜻을 벼락같이 깨달았던 순간이 있었다.

큰애가 대여섯 살 때쯤, 나는 새 제품 대신 중고물품을 사야겠다고 마음먹었다. 소비를 줄여 환경을 지키고 물질적, 정신적 자유를 얻을 수 있는 방법에 대한 공부를 잔뜩 하고 나섰다. 하지만 막상 처음으로 중고물품 매장에 들어갔을 때, 나는 얼어버렸다. 솔직히 말하면 기분이 좋지 않았다. 냄새도 조명도 디스플레이도 직원도 쇼핑객도 일반적인 쇼핑몰의 유혹적인 쾌적함과는 거리가 멀었다.

어쨌든 들어가기는 들어갔지만 몸만 그곳에 있었지, 마음속으로는 점점 더 깊은 거부감과 불쾌감을 느끼고 있었다. 머뭇머뭇하는데, 어딘가 돌아다니던 아이가 활짝 웃으면서 얼룩이 그대로인 중고 신발을 들고 나타난다.

"엄마, 누가 신발을 벗어놓고 갔어. 이거 봐. 찾아줘야 하지 않을까? 어? 신발 벗어놓고 간 사람이 이렇게 많네. 여기 신발 벗어놓는 데야?"

순간적으로 웃음이 터졌다. 마음이 풀렸다. "더러워. 내려놔."라는 말이 튀어나올 뻔했지만, 그러고 싶지 않았다. 보물이라도 발견한 사람 같은 호기심과 흥분에 물들고 싶었다.

"그러게. 같이 보자." 찬찬히 구경하기 시작했다. 아이는 내게 플라스틱과 화석연료가 들어가는 새로운 상품을 사는 일의 문제점이나 가정 경제의 이점에 대해서 가르치지 않았다. 아이의 젊음은 내가 나이 들면서 쌓아왔던 새것과 헌것, 좋은 것과 나쁜 것, 더러운 것과 깨끗한 것에 대한 지식, 경험, 선입견이 소로가 말한 '잃음'이라는 것을 일깨워줬다.

아이의 젊음으로부터 배우기 시작하자, 자연스레 아이에게 나의 경험으로부터 조언하는 걸 참고 싶어졌다. 가령 학교에서 공부를 잘해야 좋은 대학에 가서 돈 잘 버는 좋은 직업을 갖는다고 말해주고 싶지 않다. 소로는 말했다. 모든 사람에게 그들의 인생은 "각각 개인적인 이유로 비참한 실패"라고. 좋은 대학교에 진학해 사회적으로 인정받는 일을 하는 것은 한때 내가 걸었던 길이었지만, 소로의 말처럼 '개인적인 이유'로 판단해보면 삶의 '비참한 실패'에 가깝다. 여기서 말하는 실패는 잘잘못이 아니다. 나의 선택을 후회하고 부정하는 것도 아니다. 사회적인 기준으로 성공을 거둔 사람조차 가지 않은 길에 대한 회한과 타협이 있을 수밖에 없다는 뜻이다.

사는 건 산수가 아니라서 우리는 오늘 보낸 시간의 결과를 알수 없다. 주말을 내던지고 일에 골몰한 것이 성공적인 커리어로 이어질지 고독한 삶으로 이어질지 혹은 둘 다일지 아무도 모른다. 나 자신만이 그 순간들에 내가 내린 선택을 안다. 그래서 소로는 '개인적인 이유에 따른 비참한 실패'라고 말했다.

아이에게 나의 지식, 나의 경험을 가르치지 않자, 아이는 내가 젊음에서 배우려는 태도를 배우기 시작했다. 부수적인 효과다. 호기심과 감탄으로 세상을 보고, 삶이 보여주는 매 순간의 가능성과 선택에 자기 자신을 활짝 열어놓는 태도 말이다. 어느 나이라도 상관없이 취할 수 있는 태도다. 누구에게도 아무것도 배우지 않고도 내 삶을 부정하지 않고도 겸손할 수 있다.

다림질의
미니멀리즘

지난 주말에는 하염없이 눈이 내렸다. 눈 사이로 발이 푹푹 빠지는데, 30센티미터 이상은 될 것 같았다. 안 그래도 황량했던 겨울 시골 풍경이었는데 눈이 모든 걸 덮으니 세상이 단순해 보였다. 간결하고 아름다운 풍경을 보면서 옛날 생각이 났다.

결혼하고 나서 아이가 태어날 때까지, 남편의 와이셔츠는 세탁소에 맡겼다. 의식적으로 생각해본 적도 없었다. 어쩌다 일찍 퇴근할 때나 주말에 산책 삼아 세탁소에 들르곤 했다. 그것만 하면 반듯한 셔츠들이 늘 넉넉했다. 그런데 아이가 태어났고, 나는 전업주부가 됐다. 수입이 반으로 준 데다가, 지출과 잠재적 필요에 대한 불안은 무한대로 늘어났고, 불규칙하고 모자란 수면 때문에 몸은 항상 힘들었다. 이제 남편의 와이셔츠는 우리 가정에 엄청난 문제가 되었다. 이럴 때 어떻게 할 수 있을까?

계속 세탁소에 맡길 수도 있다. 이 경우 돈이 문제나. 그런데 돈보다 더 큰 문제는 세탁소에 맡기고 찾아오는 일이었다. 남편의 출퇴근 시간은 세탁소가 문 닫은 시간이라 결국 내가 해야 하는 일이었다. 배달도 시도해봤지만 아기 낮잠 자는 시간이 언제일지 모르는데 아무 때나 초인종을 누르는 건 안 될 말이었다.

혹은 직접 해도 되지 않을까? 세탁까지는 할 수 있었다. 문제는 다림질이었다. 우리 둘 다 세상에 태어나서 처음으로 다림질을 했고, 둘 다 큰 충격을 받았다. 예상했던 것보다 백 배쯤 어렵고, 허리와 팔도 아프고, 땀도 났다. 이 일이 이렇게 강도 높은 노동이었단 말인가? 30분도 넘게 쩔쩔매며 다림질한 꼴이 꾸깃꾸깃해서 서로 "이게 뭐야? 하긴 한 거야? 제대로 안 했잖아"라고 했지만 직접 해보고는 나란히 입을 꾹 다물었다. 어느 날 남편은 술을 마시고 들어와서 셔츠를 한 장 다리고 침묵의 시위를 하기도 하고, 내가 또 한 장 다리고 나서 술을 퍼마시기도 했다.

가사를 외주 주는 것도 한 방편이었다. 둘이 싸우는 걸 알게 된 시어머니가 일주일에 한 번씩 다리미질 해주는 가사도우미를 보내주시기 시작했다. 드디어 마음의 평화가 왔다. '문제가 해결됐다'라고 생각했다. 그런데 전처럼 셔츠에 대해서는 아무런 생각도 없던 시절로 돌아가지 못했다. 서른이 넘은 우리 부부가 얼마나 미성숙한 인간들인지 깨달아버렸다. 그저 월급 받는 만큼 일 잘하고, 내 돈으로 살아간다고 해서 독립적인 어른이 아니었다. 옷을 살 때 세탁을 어떻게 해야 하는지 라벨을 본 적이 한 번도 없었다는 것도 그제야 알았다. 세탁은 내가 신경조차 쓰지 않아도 저절로 되는 일이었다. 시키는 대로 공부한다는 조건으로. 서른 넘은 성인 둘이 일할 때 입을 옷 관리조차 해결하지 못해서 싸우고, 그게 창피한 줄도 모르고 부모님의 도움을 받는 것이 드디어 창피해졌다. '왜 이 일로 이렇게까지 해야 하지? 이게 해결이야?'

나는 가사도우미 아주머니를 그만 오시게 하고, 남편과 협상을 시작했다.

"내가 다림질을 해줄게. 대신 셔츠에서 바지 속으로 들어가는 부분이랑 등이랑 옆구리는 빼고 가슴만 하자. 양복 입고 보이는 데만 하는 거지."

"뭐? 너 농담이지? 미친 거 아니야?"

"잘 생각해봐. 양복 상의를 벗는 일 거의 없잖아. 그리고 안 보이는 부분은 비상시를 위해서 대강 한 번씩만 밀어줄게. 오후쯤 되면 다 펴지게 될 거야. 일의 특성상 중요한 사람은 다 오후나 저녁 이후에 만나잖아."

"말도 안 되는 소리야. 난 싫어."

"그럼 직접 다림질을 해. 자기 선택이야. 난 세탁소 왔다 갔다도 못 하겠고, 내가 반듯하게 하지도 못하겠어."

"왜 아줌마를 못 오게 하는 거야? 우리 돈 드는 것도 아닌데."

"누구 돈이건 옳지 않은 것 같아. 이건 우리의 삶이잖아. 외주로 해결해야 할 문제가 아니라고 생각해. 직접 해야 하는 일이야. 우리 옷이고, 우리 책임이야. 남한테 이걸 빼앗기는 거야. 일을 하기 위해 우리가 사는 건 아니라고 생각해. 우리가 하지 않으면 절대 안 되는 중요한 일을 하는 것도 아니야. 우리만의 삶은 우리가 살아야 하잖아. 우리에게 돈이 무한정 있다고 해도, 아이 키우는 것도 남한테 맡기고, 청소도, 빨래도, 요리도 맡기고, 생각하는 것도 맡기고, 그러면 우리가 왜 사는 건데?"

남편은 여전히 못마땅한 얼굴이었지만 그 이후로 성실하게 다림질을 하기 시작했다. 당시 남편의 근무 시간은 살인적이었다. 그 와중에 남편이 자신의 셔츠를 다리는 진지한 모습은 우리가 함께하는 인생의 새로운 맛이었다. 그때까지 회사 일을 열심히 하는 남자들을 꽤 많이 봤지만 내 눈에는 자기중심적이거나 불안 때문에 인정욕구에 목매는 것으로 보였다. 하지만 다림질에 집중한 남편은 남들의 평가나 시간의 경제적 가치 같은 건 잊고 다만 자기 몫을 책임지고 있었다.

그러면서 남편도 셔츠 앞면은 열심히 다리고 안 보이는 곳들은 대강 다리기 시작했다. 당장은 아니었지만, 어쨌든 일상 전체의 균형을 스스로 끊임없이 생각하고 조정해나간다는 목표를 의식하기 시작한 것이다. 완벽하게 다림질된 아름다운 셔츠를 포기하는 것은 단순한 포기가 아니다. 오래된 나의 습관이나 남들이 정해놓은 관습의 맥락을 다시 점검하고 의식하는 과정이다.

〈백종원의 골목식당〉이라는 예능에서 배운 요리 요령이 하나 있다. 장사가 잘 안 되는 어떤 식당의 메뉴를 점검하던 때였다. 고기 메뉴였는데, 사장님은 고기 잡내를 없애기 위해 설탕을 비롯해 이것저것 넣어 고기를 삶아왔다. 그러자 백종원이 말했다.

"예전에는 풀을 많이 먹여서 키워서 고기 잡내가 강했죠. 그래서 이런 많은 재료들을 넣어서 냄새를 없애야 했지만, 요새는 곡물 사료를 먹여 키워서 고기 잡내가 예전만큼 강하지 않아요. 그래서 이런 재료들을 넣으면 오히려 고기에서 텁텁한 맛이 납니다. 재료도 바꾸어요. 요리를 하면서 왜 이걸 넣는지 알아야 하고, 재료가 바뀌는 것도 알고 있어야 합니다. 아무 생각 없이 예전에 하던 방식이니까 이유도 모르고 따라 해서는 안 됩니다."

물건 버리기, 간소화하기, 미니멀리즘 같은 용어는 비우고 없애는 것, 포기하는 것을 강조한다. 하지만 비우고 없애기 위한 우리의 의식적인 살핌은 사실 더 많은 의미를 채우는 것이다. 내 물건, 나와 함께하는 사람, 나의 일을 버리고 없애기 전에, 거기서 어떤 가치와 의미를 의식하고 즐기고 있는지 질문한다. 그러다 보면, 자연스럽게 눈에 보이는 것들의 숫자가 줄어들게 된다. 그 우연한 결과가 미니멀리즘일 뿐, 어느 날 하루 고생해가며 죄다 치우는 것이 목표는 아니다. 실제로 해보니 비우기 위해 비운 물건들, 관계들, 습관들은 저절로 다시 채워졌다. 하지만 나의 현재에 중요한 의미, 맥락을 이해하고, 나만의 삶을 가꾸겠다는 목표를 가지면, 조금씩 나에게 맞는 것들만 남는다.

꼭 필요한 일이라면 내 삶 안에서 소화할 수 있어야 한다는 믿음으로 다림질에 다가갔다. 빳빳하게 다려진 셔츠야말로 쓸모없는 거라는 생각을 하면서도 열심히 다림질을 하면서 스스로 일상을 가꾸는 재미를 발견했더니, 셔츠 입고 출근하는 일에 대한 집착이 사라졌다. 그리고 지금은 다림질을 안 하고 살게 됐다. 하지만 언젠가 셔츠를 다릴 일이 또 생긴다면 또다시 새롭게 일상의 기쁨이 되는 다림질 법을 개발할 것이다.

3장

돈 벌지 않는 나와 살아가는 법

A Capitalist in the Woods

스콘 대
발효 빵

"내 마음이 네 마음과 같지 않다."

당연히 머리로는 누구나 아는 사실이다. 하지만 아는 것과 이해하는 것이 같지 않으니 줄곧 까먹게 된다.

일대일 인간관계는 말할 것도 없고, 돈 버는 일도 마찬가지다. 내가 쏟은 정성, 원가, 시간, 가치 등을 따져보고 이만큼 받아야 마땅하다는 마음이 생기는데, 막상 돈을 주는 사람은 그런 마음에 관심이 없다.

시골 동네에서 금, 토 오전 10시부터 오후 3시까지만 파는 빵

이야기. 우리는 매일 두 가지 빵을 준비한다.

먼저, 내가 특별히 공을 들이는 그냥 빵.

밀, 물, 소금, 이스트, 그리고 약간의 올리브유로만 만든다. 밀을 통째로 즉석에서 갈아 빵을 만들면 맛이 가게에서 흔히 파는 빵이랑 같은 음식이라고 할 수 없을 만큼 다르다. '아, 밀은 이런 맛이구나' 하고 감탄하게 된다. 발효를 하면 발효균과 밀의 협력 작업으로 새롭게 풍부한 맛과 질감이 생겨난다. 왜 옛날부터 반죽을 번거롭게 발효시켜 빵을 만들었는지 몸으로 느껴진다.

성경에도, 소로의 『월든』에도 빵을 발효시키지 말고 먹으라는 대목이 나온다. 나는 그 이유를 빵을 발효시키며 비로소 이해하게 됐다. 이 두 책에서 말하는 빵 발효는 인간이 자신의 쾌락적 욕망에 사로잡혀 노예 상태가 되는 것을 상징한다. 하늘을 나는 새처럼 자유롭고자 한다면 까다로운 발효 따위에 집착해서 최고의 맛을 찾는 일로부터 자유로워야 한다. 하나님이 떠나라 하면 바로 떠날 수 있어야 하고, 이스트를 살 돈을 버느라 일에 매이거나 이스트가 떨어질까 봐 염려하고 있으면 안 될 테니까. 이스트를 안 쓰고 자연 발효를 한다면 더더욱 문제다. 적당한 온도를 찾아서 며칠이고 기다려야 하니, 갑자기 하나님이 떠나라 해도 떠날 수가 없다. 그렇게 인간의 자유를 속박할 만큼 발효한 빵의 맛은 극치의 쾌락이다.

내가 팔고 싶은 것은 종교나 자유의 철학이 아니라 빵이니까 최고의 발효 빵을 만들기로 했다. 내가 사는 곳에서 구할 수 있는 서북미(몬태나주) 하드 레드 밀에서 끌어낼 수 있는 최고의 맛을 찾아내고 싶었다. 재료가 단순한 만큼, 발효 방식에 따라 천차만별의 맛이 난다. 천연 발효 대신에 이스트 발효를 선택한 것은 천연 발효가 건강상의 이점이 있다지만 최상의 맛을 일정하게 끌어내는 힘은 약하기 때문이다. 게다가 밀을 집에서 갈면, 시판 밀가루처럼 상태가 균일하지 않다. 밀의 건조 상태, 제분 상태에 따라 편차가 있다. 그래서 발효균으로 안정적인 이스트를 사용하면 밀가루의 상태에 따라 조절이 가능해진다. 대신 700그램 빵 반죽에 이스트 양을 0.5그램까지 줄였다. 이 과정이 정말 오래 걸렸다. 빵을 수천 개 구우면서 계속 수정을 해야 한다. 이 정도 이스트 양으로 일반 빵과 비슷할 정도의 폭신한 질감이 만들어지면, 그때 밀이 가진 가능성이 폭발한다. 똑같은 양의 소금도 전혀 다른 맛으로 다가온다. 밀과 소금이 가진 그 미묘한 단맛도 살아난다. 이 최상의 맛을 위해 조절해야 할 것들은 다음과 같다. 밀가루의 온도, 물의 온도, 공기의 온도, 밀이 물을 흡수하는 정도, 손으로 반죽하는 정도, 그리고 24~40시간 저온 숙성, 오븐의 온도, 열 흐름에 따라 오븐 안에 빵을 배열하는 방법, 반죽의 크기 등. 모든 게 잘 맞아도 잘 안 될 때도 있다.

발효 빵은 재미있다. 이스트든 천연 효소든 빵을 발효시키는 미생물의 행동 방식을 이해하고 나면, 방법이야 각자 가진 부엌의 크기나 도구, 재료에 따라 무한히 다르게 변형해 적용할 수 있다. 미생물의 행동 방식이 까다로운 제한 요인이 되지만 바로 그 제한 때문에 자유롭다. 따라서 정답 같은 건 없다. 동네마다 나라마다 발효의 방법도 다양하다. 모두 맛이 다르고, 다른 맛 그대로 맛이 있다.

그다음은 쉽고 빠른 달달한 빵 한 가지.

설탕과 버터가 맛의 주인공인 빵 한 종류를 따로 굽는다. 버터 맛이 당길 때는 스콘, 설탕 맛이 당길 때는 바나나 빵.

바나나 빵은 일반 레시피대로 몇 번 구워보니 완성됐다. 설탕 양을 최소로 줄이고 바나나만 새까맣게 완숙시켜서 잔뜩 넣어주면 촉촉하고 맛있는 빵이 된다. 특별한 연구가 필요한 건 아니고, 집에서 제분한 통밀의 독특한 맛이 이 빵을 완성시켜 준다.

그런데 통밀로 스콘 레시피를 따라 했더니, 처음 보는 스콘이 탄생했다. '아, 이게 도대체 뭔 맛이야?' 그래서 이것도 최대한 통밀 특유의 고소함과 미묘한 쓴맛을 살리고, 일반 스콘의 질감은 포기하기로 했다. 일단 베이킹 파우더 대신 베이킹 소다만 쓴다. 폭신하게 묵직한 스콘의 느낌 대신에 넓고 얇게 퍼져서 통밀이 누룽지처럼 바삭해졌을 때 나는 고소한 맛을 목표로 했다. 그래서 겉면에 계란 물을 발라서 매끈하고 먹음직스러운 색깔을 내는 대신에 울퉁불퉁하게 모양을 잡아서 바삭한 식감을 더 강조했다. 시판 흰 밀가루와 버터의 조화보다 약간 껄끄러우면서도 진한 맛의 통밀가루가 버터와 만나 내는 맛은 더 좋았다. 주로 가족이 먹는 빵인 만큼 설탕이나 버터도 최고급 유기농 제품을 사용했다. 그랬더니 스콘이라고 부르긴 하지만 독특한 빵이 됐다. 우리 입에는 구수하게 맛있었지만 엄청나게 달고 기름진 빵을 좋아하는 미국 사람들에게 어떤 맛일지 전혀 감이 잡히지 않았다.

이렇게 만든 빵이라면 얼마를 받아야 할까? 700그램 빵 한 덩이를 10달러(1만2천 원)로 정했다. 세련된 인테리어로 무장한 시내 중심가의 빵집과 비교해도 비싸다. 하지만 내 빵과 같은 빵은 어디에서도 팔지 않으니 가격도 내 마음대로 정했다. 대신 바나나 빵이나 스콘을 공짜로 얹어 준다. 스콘은 주재료인 설탕이나 버터가 비싸 어떤 등급의 재료를 쓰는지 알리지 않는 동네 빵 가게에서도 4달러(약 4천 8백 원) 가까이 받는다. 그러니 일반적인 빵집처럼 손님이 하루에 수십 명씩 오면 스콘을 공짜로 줄 수는 없을 것이다. 마당 빵집은 손님이 없는 날도 있고, 많으면 두세 명이니 스콘을 공짜로 줘도 괜찮다고 생각했다. 언젠가 손님이 대여섯 명으로 늘어나는 것이 우리의 꿈이다.

그런데 지난 금요일 빵에서는 최고의 맛이 안 나왔다. 다음날 구운 빵은 정상이었다. 금요일 판매한 빵이 너무 신경이 쓰여서, 연락처를 아는 손님 한 명에게 메시지를 보냈다. 다시 와서 제대로 된 빵을 가져가라고. 주말이 지나고 또 만날 일이 있어서 맛이 어땠는지 물어봤다.

"솔직히 금요일 빵이나 토요일 빵이나 맛이 뭐가 다른지 모르겠어. 둘 다 똑같이 맛있던데. 근데 스콘은 얼마야? 스콘을 사고 싶어. 스콘은 다른 식구들 안 주고 두 개를 몽땅 나 혼자 다 먹어버렸거든. 바삭바삭 구워진 크랜베리가 특히 너무 맛있더라."

이런 맙소사. 손님들도, 친구들에게 시식용으로 빵을 공짜로 줬을 때도 다들 스콘 이야기부터 꺼냈다. 스콘을 더 사고 싶다고 했다. 내가 팔고 싶은 빵은 발효 빵인데. 하지만 안다. 나도 시내 빵집에 가면 밀가루로만 만든 빵은 안 사거나 하나 정도 담지만, 설탕과 버터가 들어간 빵은 쟁반 가득 담는다는 걸. 손님들도 마찬가지일 뿐이었다.

만드는 입장에서 발효 빵은 발효에 필요한 공간, 드는 시간, 오븐의 사이즈까지 고려해보면 본격적인 가게를 차리기 전에는 돈을 벌 수가 없다. 아무리 고급 빵집에서라도 발효 빵에 이렇게 시간을 들이기는 쉽지 않을 것이다. 이스트 양을 줄여 목표한 맛을 내려면 어쩔 수 없다. 하지만 굽는 시간도 짧고 발효도 필요 없는 스콘은 믹서 하나만 사면 훨씬 많이 만들 수 있고, 다른 가게 수준의 가격을 받으면 무리 없이 꽤 벌 수 있을 것이다. 그런데 나는 스콘 만드는 게 재미없다.

똑같은 돈인데, 내가 돈을 벌 때와 쓸 때는 그 가치 평가 기준이 180도 달라진다.

대학원을 다니며 여름 방학 때는 한국에서 과외를 해서 용돈을 벌었다. 글쓰기, 영어, 독서를 가르치는데, 나는 글로 나만의 사고를 엮어내는 법, 영어의 독특한 특징과 아름다움, 책만큼이나 다양한 세상을 보는 시각을 가르치고 싶었다. 그런데 돈을 쉽게 많이 벌 수 있는 건, 고3 성적 올려주기, 입시용 자소서 쓰기였다. 만만치 않은 비용인데도 2학기를 앞두면 수요가 엄청나게 많아진다. 부모님 입장에서는 재수하는 시간과 돈을 아끼기 위한 것이라고 하니 충분히 납득이 갔다. 하지만 나는 가르치는 데 별 재미가 없었다.

기자를 할 때도, 연구를 할 때도 마찬가지였다. 승진과 임용으로 이어질 만한 일들은 재미가 없었다. 이건 나만 그런 건 아닌 것 같다. 직업을 불문하고 돈을 벌기 어려운 건, 돈을 쓰는 사람의 입장과 다르기 때문일 것이다. 나 역시 돈을 쓸 때는 즉각적인 만족을 기대한다. 버터 향이 가득한 크림빵, 달달하고 파사삭 부스러지는 페이스트리는 보기만 해도 사고 싶어진다. 신문을 보면 커다랗게 뽑아놓은 기사 위주로 읽는다. 즉각적으로 오늘의 세상이 돌아가는 것을 알 수 있고, 그 여론에 낄 수 있으니까. 뉴스 가치는 별로 없는데 길고 오랜 생각이 필요한 글들은 아무래도 시간을 들여 읽는 것이 선뜻 내키지 않는다.

하지만 막상 내가 일할 때에는 그 긴 과정이 나에게 의미가 된다. 나의 성장, 나의 의미, 나의 깨달음으로 연결되는 일은 그만큼 시간과 정성이 많이 들어간다. 세상의 속도와 다른 방식의 성숙과 배움이기에, 이런 일들의 가치는 돈으로 인정받기 어렵다. 세상이 나를 알아주지 않는 것이 아니라, 내가 세상의 방식에 맞추지 않는 것이다. 스콘이 훨씬 잘 팔릴 거라는 걸 알면서도 발효 빵을 굽는 것처럼.

'돈 벌기가 참 어렵다, 나는 돈 버는 재주가 없다.' 그렇게 막연히 생각하며 살아왔다. 그런데 빵을 팔면서 알게 되었다. 나는 돈 쓰는 사람의 마음에 맞출 생각이 없었다. 기자로 일할 때, 쓰고 싶은 기사를 쓰지 못하는 것이 안타까웠다. 하지만 월급은 내가 깊은 생각을 하고, 내가 알고 싶은 것을 기사로 쓰면서 더 성숙한 사람이 되라고 주는 게 아니었다. 오늘 당장 돈을 내고 신문을 사는 사람, 돈을 내고 신문에 광고를 싣는 사람들에게 필요한 걸 쓰라고 받는 돈이었다. 지극히 투명한 돈 거래다. 하고 싶은 일을 하면서 돈도 번다는 것은 어쩌면 복권에 당첨되는 것처럼 가능한 현실이기는 하되 기대하지는 말아야 할 그런 것인지도 모른다.

돈을 벌기 위해 내가 하는 일이나 하고 싶은 일 대신에, 돈을 지불하는 사람의 마음을 생각하면, 나에게 선택권이 생긴다. 막연히 '돈 벌기 힘들다'가 아니라, 내가 하고 싶은 일을 고집하는 대가로 돈을 적게 벌거나, 돈을 쓰는 사람에게 맞춰 많이 벌고자 하거나, 내가 선택하는 것이다. 무엇을 선택하든 내가 결정하는 순간 이미 능동의 세계로 넘어간다.

참을 수 있는
가난

뜨개실, 옷감 같은 수공예 재료를 파는 가게에서 계산원 아르바이트를 하는 큰아이가 말했다.

"정말 신기한 게 있어. 계산대 앞에 생수를 진열해놓고 파는데, 그걸 사는 사람들이 많아. 2달러가 넘는데 말이야. 조금 참으면 집에 가서 물을 마실 수 있잖아."

크리스마스 때는 친구들 인스타그램을 구경하다가 이런 말도 했다.

"애들이 쇼핑한 거나 크리스마스 선물 사진을 보고 있으니까 부러운 마음이 들어서, 뭐가 사고 싶은지 생각해보면 없다는 걸 알게 돼. 그래도 왠지 부럽다는 느낌은 있는 게 신기해. 포장지와 박스들에 둘러싸여서 사진을 찍고 싶은 것 같기도 해."

물려받고, 중고 가게를 활용하고, 무엇보다 있는 것을 쓰고 또 쓰는 우리 아이들에게는 돈을 주고 새 물건을 사는 일이 생소한 경험이다. 우리가 가난해서 그렇느냐면, 모르겠다. 아무리 생각 해봐도 가난한지 부자인지 잘 모르겠다. 실제로 소득은 극히 적 다. 그러나 그 돈으로 사는 데 어려움도 아쉬움도 없다.

돈으로 온갖 시도를 해보았다. 한동안은 '소확행'과 같은 사소 한 사치가 좋아 보일 때도 있었고, 극단적으로 소비를 줄여 돈을 모으는 무한도전에 몰두한 적도 있었는데, 이제는 그 어느 것에 도 마음이 동하지 않는다. 돈을 아끼는 것은 피곤한 일이다. 돈이 아껴야 할 그런 소중한 대상인가 싶어진다. 그렇다고 좋아 보이 는 걸 사도 작고 확실한 행복으로 이어지지 않았다. 우리가 돈을 쓰지 않거나 쓰면서 얻는 즐거움은 행복도 아니고, 전혀 확실하 지도 않고, 그렇다고 작지도 않은 치열한 '자유'다.

소로의 『월든』에 나오는 한 구절이다.

우리 마을에 집, 농장, 헛간, 가축, 농기구 등을 물려받은 젊 은이들이 있는데, 내가 보기에 이야말로 불운이다. 왜냐하면 이것들은 얻는 것보다 없애기가 더 어렵기 때문이다. (…) 물려받은 것이 없는 사람들은 쓸데없는 상속 재산에 짓눌리지는 않겠지만, 그래도 자기 몸 하나를 건사하는 것만으로도 충분히 고생스럽다. (…) 인간은 착각 때문에 노동한다. (…) 필수라고들 하니, 피할 수 없는 운명처럼 보이는 것에 매여서, 좀먹고 녹슬고 도둑이 훔쳐갈 수 있는 재화를 쌓느라 일을 한다.

'뭐라고? 부모한테 재산을 받는 게 불운이라고?' 소로가 살던 1800년대 농경사회에서 농장을 물려받는 것은 오늘날로 치면 탄탄한 사업체나 월세 나오는 빌딩을 물려받는 것과 같을 것이다. 어떻게 나쁜 일일 수가 있을까. 주목해야 할 문장은 물려받는 것이 없는 이들도 자기 몸 하나 건사하기가 힘들다는 대목이다. 소로는 돈이 많으면 불행하다거나 돈이 없는 소박한 삶이 좋다고 말하지 않는다. '어차피 인간으로 태어나 자기 한 몸이라도 간수하기 위해 먹고사는 일은 누구나 힘들다'라는 이야기를 하고 싶었던 것이다.

이 문장이 중요한 이유는, 부자가 아닌 대부분의 사람들이 자신의 노동과 노고를 물질적으로 부족한 탓이라고 여기는 성급함에 대해 이야기하기 때문이다. 돈만 더 있다면 수고로움이 사라질 거라는 믿음, 혹은 지금 가지고 있는 돈이나마 없어진다면 더 혹독한 고생을 할 것이라는 불안과 공포가 여기에서 온다. 그러나 부자와 가난한 자를 나누듯이 돈이 많은 나와 돈이 없는 내가 구분되는 건 아니다. 그렇게 구분할 필요가 없다. 내 현재의 고민과 질문은 돈의 유무에 따라 형태는 달라지겠지만 근본적으로 비슷할 것이다. 진짜 질문은 하나다. 지금 내가 가시고 있는 것, 갖기 원하는 것, 혹은 잃기 두려워하는 것이 절대적으로 '필요'한가? 중요한 건 나를 부유하거나 가난하다고 말하는 것이 아니다. 나의 필요에 대해 착각하거나 착각하지 않는 것이다.

필요에 대한 끊임없는 질문 안에서 풍요와 자유를 구할 수 있다. 2달러짜리 물이 지금 이 순간 필요한가? 크리스마스 선물을 통해서 누리고 싶은 기분은 정확하게 무엇인가?

필요와 운명, 그리고 가난에 대해 탁월한 통찰을 보여준 철학자 카뮈는 일기에 "가난 속에서 자유를 배웠다"라고 썼다. 카뮈는 가난한 가정에서 자랐다. 그는 자신의 어린 시절과 성장기에 이어진 가난을 산문집 『안과 겉 L' Envers Et 'Endroit』에서 다음과 같이 묘사했다.

가난은, 내게 절대로 불운인 적이 없었다. 가난은 태양빛처럼 찬란했다. 이는 무엇보다 가난한 내 가족 덕분이었다. 내 가족은 가진 것이 아무것도 없었지만 실질적으로 그 어떤 것도 갖기를 원하면서 애달파하지 않았다.

나는 바다와 함께 자랐다. 그 바다에서 가난은 풍성하고 찬란했다. 그런데 나는 바다를 잃었고, 그러자 온갖 호화로운 사치품들은 우중충해졌고, 가난은 참을 수 없게 되어버렸다.

가난에도 참을 수 있는 가난이 있고 참을 수 없는 가난이 있다. 이 시대가 겪고 있는 가난이 바로 참을 수 '없는' 가난이 아닐까 싶다. 가난이 한 인간의 자격과 가치를 판단하는 기준이 되고 인격적 모욕이 되어버렸다. 모든 경험과 물건에 돈의 가치가 매겨지는 순간 그 돈의 숫자는 냉혹한 평가의 기준이 된다.

가끔 우리 가족이 정기적 소득에 매달리지 않고 살아가는 것이 부럽다고 말하는 사람들이 있다. 그래서 그때마다 있는 그대로 대답한다. "시골에 있는 이동식 날림 주택으로 이사하면 당장 저희처럼 살 수 있어요. 더운 물도 나오고 비도 안 새고 따뜻해요. 애들도 시골 학교를 보내면 학원비 걱정은 하고 싶어도 못 해요. 학원이 없어요."

"차마, 어떻게 그렇게… 저희는 그럴 용기가 없어요. 그러니까 대단하신 것 같아요."

우리 부부는 용기 있거나 대단한 것이 아니라, 가진 돈이 적다는 것을 인정한 것이다. 용기와 대단함은 돈을 벌고, 일자리를 창출하고 경제를 키워가는 능력과 배짱 있는 사람들에게 해당되는 미덕이다. '차마' 할 수 없는 일이 우리에게는 없다. 우리의 돈이 모자라서 누리지 못하는 일들을 원하지도 않고, 그것 때문에 우리의 능력과 가치가 결정된다고 생각지도 않는다.

이런 '가난'을 치유해주는 것이 호화로운 사치품이나 돈은 아니었다. 이때의 사치품은 카뮈의 말처럼 우중충할 뿐이다. 그래서 소확행은 우스꽝스러운 사치가 되어버리고, 극단적 절약은 괴상한 자학의 고행처럼 느껴졌나 보다.

하지만 그렇다고 가난을 미화하지도 않기 때문에 소로와 카뮈의 말은 절대 빈곤이 대부분 사라진 현대에도 울림을 준다. 가난은 지금도 고통스럽고 참아야 하는 무엇이다. 그렇다면 카뮈가 말한 참을 수 있는 가난, 혹은 소로가 말한 필요를 착각하지 않는 고통은 어떤 것일까? 카뮈가 말한 태양빛처럼 찬란하고 바다처럼 풍성한 가난일 것이다. 그게 무엇일까?

카뮈는 같은 책에서 또 이렇게 말했다.

가난 안에는 고독이 있다. 그 고독은 모든 것의 진짜 가치를 되돌려준다.

태양빛과 바다는 단지 따뜻하고 넓다는 의미를 담은 것은 아니다. 그보다 가치를 있는 그대로 풍성하게 지켜주는 무엇이다. 사치품이 우중충한 것은 단지 허영 때문은 아니다. 지갑이나 차는 사치품이든 아니든 원래 가치가 있다. 차는 사람의 생활을 바꿔놓을 수 있고 지갑은 소중한 소지품을 담아 정리할 수 있으며 그리고 인간 관계에서 무한한 의미를 가질 수 있다. 그러나 그것이 사치품일 때 그 가능성은 차단된다. 사치품의 가장 큰 의미는 '비싼 것, 흔히 살 수 없는 것'이기 때문이다.

진짜 가치는 고독 안에서 존재한다는 말은 무슨 뜻일까? 카뮈의 실존주의에서 힌트를 찾아보았다. 카뮈가 활동했던 1940, 1950년대를 휩쓸었던 실존주의는 유명한 철학자마다 다르게 논해 혼란스럽기 짝이 없다. 그 이유는 모든 실존주의의 공통된 출발에 있다. '정해진 본질이 없다'는 전제다. 각자의 본질을 개인이 어떻게 찾아낼 것이냐에 대해 철학자마다 조금씩 다른 주장을 한다. 카뮈에게 특히 중요한 건 '개인'이었다. 나중에 친우이자 학문적 동료였던 사르트르와 결별하게 된 유명한 논쟁의 핵심도 바로 여기에 있었다. 사르트르는 당시 공산당 운동으로 대표되었던 집단적 각성, 정치 운동이 수단이 되어야 한다고 했지만, 카뮈는 끝까지 개인의 주체적이고 자발적인 성찰을 강조했다. 그러니 진짜 가치는 '개인'이 고독 안에서 찾아야 하는 것이다. 이때 가난과 결핍, 고통은 인간의 고독과 자발성을 극대화할 수 있는 풍요로운 바다가 되고 모든 것을 명쾌하게 비춰볼 수 있는 태양빛이 될 수 있다.

카뮈의 유명한 에세이 「시시포스의 신화」에는 '가난'을 참을 수 있는, 우리 삶에 '필요'한 고통으로 만들 수 있는 방법이 나온다. 그리스 신화에 나오는 시시포스는 이런저런 못된 짓을 해서 벌을 받는데 이 벌의 내용이 유명하다. 커다란 바위를 산꼭대기로 올려야 하는데, 바위는 곧바로 굴러떨어진다. 그러면 또다시 형벌이 시작된다. 영원히 말이다. 시시포스가 이 형벌에서 풀려나는 방법으로 카뮈가 제시한 건 형벌 자체에 있지 않았다. 지금보다 더 많은 돈을 버는 것이 가난의 해결이 아닌 것과 마찬가지로 말이다. 카뮈는 시시포스가 이 형벌을 자신의 운명으로 만들어야 한다고 했다. '이것은 나의 운명이다'라고 스스로 선택하고 선언함으로써 그는 신이 부여한 형벌에 억지로 복종하는 것이 아니라 새로운 세계의 창조자로서 돌을 밀어 올리게 된다.

인간은 언제나 자신만의 무거운 짐을 반복해서 지게 되어 있다. 시시포스가 밀어 올린 돌의 원자 하나, 산을 이루는 미네랄 한 조각, 이 모든 것으로 새로운 세계가 만들어진다. 시시포스의 투쟁 자체가 한 인간의 심장을 채우기에 충분하다.

돌을 밀어 올리는 행위가 단지 현재 처한 상황을 수용하는 것만은 아니다. 사람들의 돌은 다 다르다. 누군가에게는 당면한 가난을 벗기 위해 애를 쓰는 것일 수도 있고, 누군가에게는 자신의 가난이 상대적 결핍과 빈곤이라는 것을 깨닫는 것일 수도 있다. 핵심은 내 마음에 드는 돌을 고르거나 다른 사람이 돌을 치워줄 수 없다는 것을 아는 것이다.

'가난'은 고통스럽지만 바로 그 고통 안에 한 개인이 자유로 나아갈 수 있는 통로가 있다. 인간에게는 가난과 같은 고통을 없애는 자유와 능력이 아니라, 깨어 있음으로써 새로운 세계를 창조할 자유가 있다. 돌의 원자, 산의 미네랄 한 조각. 나는 이 표현이 좋다. 돌을 던져서 없애버리거나 산을 깎아버리는 것이 아니라, 내 고난의 일부인 돌과 산의 작은 부분까지도 내가 보는 것이다.

여기서 반드시 덧붙이고 싶은 것은 가난이라는 고통의 특이성이다. 카뮈는 어린 시절의 가난을 말하며 가족을 언급한다. 시시포스도 홀로 고난에 맞섰고 고독 속에서 가치를 찾는 것의 중요성에 대해서도 이야기했지만, 그것이 무조건 '나 혼자'를 의미하지는 않는다. 오히려 함께 나눌 다른 존재와의 적극적인 연결이 중요하다. 가난이 불행이 아니었던 것은 함께 풍요의 의미를 읽어냈던 가족 덕분이었다고 카뮈는 말한다.

　카뮈가 사르트르와 결별하면서 강조했던 개인의 주체적인 의미 찾기는 개인의 고립을 말한 것은 아니었다. 카뮈는 집단적이고 획일적인 정치 체계 안에 개인을 가두기보다는 각 개인이 가진 다른 점들을 통합할 수 있는 더 거대한 가치들로 통합되고 연결되어야 한다고 생각했다. 가난을 예로 들어보자. 사람마다 사치품의 정의, 물건의 의미, 소유하고 싶은 것, 재산의 액수가 모두 다를 것이다. 그러나 이 차이들이 인간의 우열을 정하는 기준이 아니라, 세상을 다채롭고 흥미롭고 다양하게 만든다고 함께 믿는다면 우리는 연결될 수 있다. 인간은 누구나 자기가 짊어질 짐을 항상 찾고야 만다는 카뮈의 말을 깊이 이해한다면 우리는 돈이 더 많은 사람을 부러워하지도 않고, 지금보다 돈이 더 없어질까 두려워하며 살아가지도 않을 것이다.

돈의
기쁨과 슬픔

로스앤젤레스의 말리부 해변 절벽에는 탁월하게 아름다운 박물관이 있다. 게티 빌라. 유명 건축가가 재현한 고대 로마의 저택에 고대 에트루리아, 그리스, 로마의 예술품들이 전시된 이곳은 한때 개인 박물관 중 세계 최고의 컬렉션이라 평가받았다.

영화 〈올 더 머니〉는 이 박물관의 창립자이자 당대의 재벌이었던 폴 게티와 그 가족의 실화를 바탕으로 한다. 게티는 1949년 사우디아라비아의 석유 채굴권을 독점하여 역사적으로도 손꼽힐 만한 부를 이뤘다. 1973년, 당시 열여섯 살이었던 손자가 납치된다. 범인들은 엄청난 몸값을 요구한다. 실은 게티의 재산으로 따지면 충분히 지불할 수 있는 금액이었다. 그는 서양 대가들의 회화나 고전 시대 조각상들을 수집하기 위해 그보다 훨씬 큰 돈을 썼다. 그러나 게티는 호락호락 돈을 내줄 생각이 없었다. 이전에도 손자는 방탕한 생활을 하면서 돈이 필요하면 납치 자작극을 벌여서 할아버지 돈을 뜯어내겠다고 떠들고 다니던 터였다. 젊은 나이에 백만장자가 된 게티는 한평생 자신의 돈을 갈취하려는 사람들을 불신하면서 재산을 모아왔다. 그렇게 세계 최고의 부자가 된 사람이니 돈을 모으고 지키는 데도 평범한 사람의 상식을 벗어났다. 게티는 딱 잘라서 거절한다. 손자가 죽든 말든 한 푼도 줄 수 없다고. 이런 상태가 몇 달이 지나면서 초조해진 납치범들은 실수를 저지르고 저들끼리 다툰 끝에 살인까지 벌어진다.

막다른 골목에 몰린 납치범들은 손자의 귀를 잘라서 언론사에 보낸다. 그 다음에는 다른 부위들이 도착할 거라는 협박과 함께. 이 매정한 할아버지를 비난하는 여론이 일자 게티는 겨우 협상에 나선다. 손자의 목숨이 오가는 순간에도 게티는 함부로 돈을 낭비하지 않는다. 세금을 면제받을 수 있는 금액만 내겠다고 버틴 것이다. 이렇게 치열한 돈 계산과 협상 끝에 귀가 잘린 손자는 탈출에 성공한다. 하지만 손자는 제대로 된 삶을 살지 못한다. 한평생 온갖 중독에 시달리다가 겨우 50세를 넘겨서 죽고 만다. 납치의 트라우마가 컸겠지만, 사실 게티의 아들이자 이 손자의 아버지 역시 일찌감치 마약에 취해 폐인이 됐다. 집안의 돈에 기대어 산 것은 말할 것도 없다. 게티는 그 이후에도 돈을 미끼로 손자를 가혹하게 다뤘다.

이 이야기를 단지 '돈으로 행복을 살 수 없다'는 교훈으로 읽는다면 별로 얻을 것이 없다. 고작 돈 앞에서는 피도 눈물도 없는 부자를 경멸하거나 나는 그 정도로 불행하지 않다는 정신 승리와 비슷한 위안에 그칠 뿐이다. 게다가 돈으로 행복의 전체를 살 수 있는지는 모르겠지만 행복의 어느 부분에는 가격표가 매겨져 있다. 특히나 우리가 살고 있는 자본주의 사회에서는.

이 영화의 마지막에서 게티는 홀로 죽어간다. 자식조차 돈 아래에 있었으니 죽는 순간에도 거대한 저택에서 철저하게 혼자다. 하지만 게티는 예술을 사랑했다. 손자의 목숨 앞에서도 내주지 않았던 돈으로 모은 고혹적인 예술 작품들을 끌어안고 죽는다. 유혹적이고 아름다운 장면이다. 그의 돈에 대한 사랑이 단지 인간성을 상실한 수전노의 행동이 아니라 예술의 경지와 다름 아닐까 생각하게 만든다.

실제로 게티가 모은 예술 작품들은 현재 캘리포니아 로스앤젤레스와 말리부 해안가의 절경을 내려다보는 두 개의 박물관이 됐다. 심지어 무료다. 특히 게티 빌라는 1세기 로마에서 화산 폭발로 화산재에 덮여 사라진 상류층 인사의 서재와 정원을 재현했다. 그곳에서 발굴된 유적과 예술 작품도 화려하지만 더욱 중요한 것은 이 서재의 파피루스 책들에 담긴 쾌락주의 철학이다. 쾌락주의자들은 신이 아니라 인간의 이성을 믿었다. 좋은 삶이란 인간 스스로 느끼는 즐거움에 있으니 도덕 또한 인간의 행복을 증진하는 것이어야 한다고 생각했다. 수천 년 동안 이 철학은 쾌락과 방종을 부추기는 천박한 것으로 핍박받아 왔다. (스티븐 그린블랫의 책 『1417년, 근대의 탄생』은 이 역사의 흐름을 재미있게 그렸다.)

쾌락주의 철학이 끈질기게 살아남은 것은 도저히 부정할 수 없는 인간의 진실을 담고 있기 때문일 것이다. 행복이든, 즐거움이든, 쾌락이든 즐거운 기분을 느껴야 좋은 삶이라는 간단한 이치다. 그런데 잠시 즐겁고 허무해지는 대신, 이 기쁨을 지속적으로 느끼기 위해 무엇을 해야 할까? 그것은 역설적이게도 절제였다. 하지만 수천 년간 이 철학의 진수는 외면당하고, 여전히 쾌락주의는 많은 사람들에게 무책임과 방탕을 뜻한다.

갑자기 게티 이야기를 하다가 그리스 로마 시대의 쾌락주의 철학 이야기를 하는 이유는 돈이야말로 쾌락과 절제의 복잡하고도 미묘한 조화를 요구하기 때문이다. 게티의 돈에 대한 태도를 다시 살펴봤다. 게티가 돈을 모으고 예술 작품을 모으는 열정은 고독한 예술 행위와 같았다. 스스로 예술에 조예가 깊었으며 바쁜 중에도 전 세계를 뒤지고 최고의 전문가를 동원해 작품을 수집했다. 더불어 그 작품들이 자리할 만한 아름다운 공간을 지었다. 혹자는 그가 돈밖에 모르고 외롭게 죽어갔다고 평가할지 모르나 어쩌면 게티는 돈과 돈으로 구할 수 있는 가장 아름다운 예술 작품들을 깊이 사랑하며 아무런 후회도 없이 죽었을지도 모른다.

나는 『1417년, 근대의 탄생』을 읽고 영화를 본 후에 말리부 게티 빌라에 갔다. 공짜로 입장해서 하루 종일 그리스 로마의 지중해 식물을 그대로 심은 정원을 산책하고 바다를 내려다보고 미술 작품들을 감상하면서, 그의 돈에 대한 잔인한 집착 덕에 나같이 평범한 사람들이 이런 아름다움을 즐기는 아이러니에 푹 빠져서 하루를 보냈다. 마치 돈으로 이룰 수 있는 극치의 아름다움을 목격하는 것 같았다. 그리고 게티가 그 작가였다.

마치 게티처럼 돈을 사랑했던 나의 지난 몇 년간이 떠올랐다. 큰아이가 돌이 될 무렵 번듯한 내 집을 갖고 싶다는 갈망이 극에 달했다. 평범한 동네에 30평형 아파트만 가지면 세상을 다 가진 것이나 다름 없을 거라는 철석같은 믿음이 생겼던 것이다. 그때까지 돈에 대해 별 생각 없이 살아오다 덜컥 대출을 받아서 집을 샀다. 개념적으로 감도 잘 안 잡힐 만큼 큰돈을 빚졌다는 생각에 덜컥 겁이 났다. 소심한 천성이니 더욱 불안과 공포감이 덮쳤다. 하지만 이 기분이 오래가지는 않았다. 대출금을 갚으려고 돈을 모으기 시작했다. 그런데 시간이 조금씩 지나면서 이상한 행복감이 싹텄다. 월급 생활자가 돈을 모으는 방법이야 안 쓰기밖에 없었다. 그래서 처음에는 불편과 고통을 견뎌가며 돈을 아끼기 시작했는데, 돈이 쌓이는 것이 점점 즐거워졌다. 주변 사람, 세상 돌아가는 것, 계절이 바뀌는 것, 나의 감정이나 다른 욕구, 이 모든 것이 관심에서 사라졌다. 몇천 원, 몇만 원, 몇십 만 원… 액수는 중요하지 않았다. 돈이 쌓이기만 하면 됐다. 돈은 안 쓴 만큼 정확하게 쌓였다.

돈이 주는 행복은 이토록 정확하고 투명하고 아름다웠다. 이 세상의 모든 사람, 모든 일들이 지저분하고 복잡하고 예측하기 어려운데, 돈을 모아서 대출금 통장의 숫자가 줄어드는 것을 보는 일은 극치의 행복이었다. 그토록 확실하게 행복을 손에 쥐었다고 확신했던 시간은 그 전에도 후에도 없었다.

게티가 돈을 벌고 예술 작품을 모으며 느낀 쾌감도 비슷하지 않았을까. 이런 돈이 주는 행복감을 절묘하게 묘사한 소설도 있다. 바로 19세기를 풍미한 천재 소설가 조지 엘리엇의 『사일러스

마녀』다.

사일러스 마녀는 천을 짜는 직조공이었다. 그는 성실하게 일했고, 교회에서 봉사했고, 사랑하는 약혼녀가 있었다. 그런데 믿었던 친구와 약혼녀로부터 배신을 당하고 억울한 모함을 당한다. 그 상처가 너무 커서 아는 사람이 아무도 없는 시골로 혼자와서 천을 짜면서 돈을 번다. 그는 20년 가까이 어느 누구와도 말조차 섞지 않고 낮에는 실만 짜고 밤에는 번 돈을 센다. 밤마다 모은 금화를 쌓아놓고 어루만지며 내일 추가될 돈을 상상하는 것이 그의 행복이었다.

> 그는 아무 생각 없이 거미처럼 실을 짰다. 인간이 일을 이렇게 꾸준히 하면 일 자체가 목적이 되고, 결국에는 사랑이 없는 인생의 틈들을 넘게 된다.

그런데 어느 날 이 돈을 몽땅 도둑맞는다. 낭패감에 아득해진 상태로 돈을 찾으러 다니는 와중에 버려진 아기를 발견한다. 잃어버린 금화처럼 노란 머리카락을 가진 아기였다. 그는 무슨 생각인지 이 아기를 데려다 키운다. 무일푼인 데다가 갑자기 아기 키우는 방법을 알 수가 없으니 마을 사람들에게 도움을 청하면서 서서히 관계를 맺는다. 이렇게 사일러스 마녀는 아기에 대한 사랑을 통해 마을 사람들과 연결된다.

이 소설의 미덕은 돈이 대상이자 목적인 사랑보다 아기와 사람과 연결되는 사랑이 더 좋다고 말하지 않는 데에 있다. 다만 무엇이 다른지 말해준다. 사일러스 마너가 아기를 키우면서 가장 놀란 것은 아기는 돈과 달리 자신에게 요구하는 것이 아주 많다는 사실이었다. 돈은 정확했다. 하루에 몇 시간을 일하면 내일은 얼마만큼 늘어날지 예상할 수 있었고, 한 치의 오차도 없이 그 약속은 지켜졌다. 그리고 돈은 그 자체로 완벽했으니 아무것도 해줄 필요가 없었다.

돈의 이런 특성은 우리를 돈에 헌신하도록 만드는 최적의 조건이다. 내가 대출금을 갚으면서 그토록 특별한 만족감을 느꼈던 이유도 바로 그것이었다. 나 자신을 이토록 신뢰한 적은 없었다. 나 자신의 크고 작은 단점이나 부족한 점을 완전히 잊게 되었다. 기계적으로 돈을 아끼면 딱 그만큼 돈이 쌓이는 확실함이 있었다. 게티도 마찬가지였을 것이다. 이 세상의 돈을 다 가졌는데도 자식을 건강한 마음으로 기르지 못했고 그 자식에게 존경도 사랑도 받지 못한 것을 참느니, 확실한 돈과 그 자체로 훌륭한 예술품을 소유하는 것이 자신의 능력과 힘을 확인하는 정확한 길이 아니었을까. 아마 우리 모두가 지금보다 조금만 더 돈이 많으면 그만큼 행복이 늘어나고, 타인에 대한 의존이 줄어들 거라고 기대하는 것도 바로 그런 돈의 속성 때문이다.

그러니 돈이 우리를 배신하는 것은 아니다. 돈이야말로 확실하다. 하지만 돈이 적어도 많아도 우리는 돈처럼 완전해지지 않는다. 무지하고, 때로 비굴하고, 실수를 한다. 그 굴레를 누군가에게 부탁하고 때로는 부탁을 들어주며 해소해나가는 것이 인간의 삶이다. 다만 많은 돈은 우리를 착각하게 한다. 내 현실의 부족함을 잊게 하고, 돈의 힘을 나의 것으로 착각하고, 모든 문제를 그렇게 해결할 수 있다고 믿게 한다. 그러나 그 틈새로 '나'의 존재가 빠져나간다. 부유하다고 반드시 그런 삶을 사는 것도 아니지만 돈이 내 존재를 대신하게 할수록 나는 돈으로 대체 가능한 인간이 되고 내 삶은 색깔을 잃는다.

대출금을 많이 갚았더니 또다시 겁이 났다. 다 갚으면 그다음엔 40평대로 이사를 가서 또 대출금을 갚아야 하나? 그리고 나서는 50평대인가? 정직하게 말하자면 계속 그렇게 돈을 모으며 평수를 늘리는 삶도 행복할 것 같았다. 그다음 단계는 우리 능력으로는 처음 집처럼 몇 년 만에 이룰 수 없을 것 같았다. 10년도 아니고, 끝이 어디쯤인지 계산이 안 됐다. 그때 갑자기 돈을 모으기 전의 나라는 사람이 떠올랐다. 어딘가 나사 하나쯤 빠진 사람처럼 대책 없이, 느낌대로 살아가고 좋은 사람에게는 관심을 마구 쏟는 그런 사람 말이다. 열심히 돈 모으는 나는 정말이지 야무지고 쉬는 법이 없고 돌진하는 사람이었다. 둘 다 괜찮았지만, 결국 허술한 나를 선택했다. 야무진 나의 앞날은 예상할 수 있었지만, 그렇지 않은 나의 앞날은 그려지지 않았기 때문이었다. 어설프고 불완전한 내가 나처럼 불완전한 타인과 관계를 맺으며 만들어가는 삶이 궁금했다.

또 다른 이유는 돈 자체의 쾌락을 이해하게 됐기 때문이었다. 앞에서 고대 그리스 로마의 쾌락주의가 쾌락과 절제를 같은 선에서 봤다고 했다. 그런데 돈의 쾌락에는 절제가 있을 수 없다. 돈은 끝없이 쌓을 수 있고 오차와 불완전함이 없으니 이 세상에서 가장 부자가 되어도 계속 벌 수 있다. 그러니 내가 얼마를 가졌느냐가 핵심이 아니었다. 기본적인 생존에 문제가 없는데 모자란다고 느낀다면, 실제 생활이 아무리 검소한들 그것 또한 절제가 없는 돈의 쾌락이었다.

돈으로부터의 자유는 돈을 끝없이 가져서 나의 인간다운 특성으로부터 달아나 완벽한 권력자가 되는 것도 아니고, 돈을 아예 버려서 내가 인간으로서 소비하며 느끼는 즐거움을 부정하는 것도 아니다. 돈 그 자체가 목적이 아니라 돈을 내가 즐거움을 느끼는 다른 가치로 무한히 전환할 수 있을 때 비로소 자유로워진다. 집 또한 부동산 가치 자체가 아니라 안전한 공간에서의 휴식, 그 안에서 이루어지는 대화, 가족과 함께 보낼 수 있는 시간과 같은 가치로 누리는 것처럼 말이다.

우리 모두
폐를 끼친다

며칠 전 도서관에서 신문을 훑어보는데 어디선가 본 적 있는 동그란 얼굴이 나왔다. 내가 기억하는 그는 세상의 그 누구도 필요로 하지 않을 것 같은 청년이었다. 하버드대를 졸업한 지 채 몇 년도 지나지 않아 창업한 회사가 대성공을 거뒀고, 손대는 사업마다 성공해 1조 원이 넘는 자산을 보유한 스타트업계의 천재였다. 미국 최고의 인터넷 신발 쇼핑몰 자포스의 실질적인 창업자 토니 셰이의 이야기다. 2020년 11월, 지인의 집에 머물던 그는 갑작스러운 화재로 46세란 이른 나이에 숨졌다.

대만계 미국인인 그는 화학공학자인 아버지와 사회복지사인

어머니, 두 남동생과 함께 미국 실리콘밸리 근처에서 자랐다. 학업을 중시하는 전형적인 아시아계 가정이었고 하버드대학에서 컴퓨터를 전공했다. 그는 1996년 대학 졸업 직후 창업한 회사를 불과 2년 후인 1998년 마이크로소프트에 우리 돈 약 3천억 원을 받고 판다. 그의 나이 만 스물넷이었다. 이후 자포스를 창업해 미국 최대의 온라인 신발 쇼핑몰로 키운다.

그는 단순히 성공한 사업가를 넘어 인터넷 쇼핑의 문법을 만들어낸 사람으로 유명하다. 신발을 사려는 사람들은 착용이 불가능한 인터넷 쇼핑을 이용하지 않을 거라는 통념을 깨부쉈다. 무료 배송, 무료 반품이라는 조건 덕분이었다. 지금은 당연하게 여겨지는 이 개념이 모두의 비웃음을 살 때 밀어붙인 것이 토니 셰이였다.

토니 셰이의 명성은 단지 탁월한 사업 구상 때문은 아니었다. 아마존은 자포스의 초창기 시절 인수를 제안했지만 거절당하고, 아마존에서도 똑같은 서비스를 제공했다. 보통 이런 시나리오라면 대기업이 베껴갔으니 작은 기업은 도태되어야 할 것이다. 그러나 그런 일은 발생하지 않았다. 결국 아마존은 2009년 다시 자포스의 문을 두드렸고 1조 2천억 원 상당의 주식을 주고 자포스를 인수했다. 그 이후에도 2020년 8월 셰이가 사임할 때까지 아마존은 자포스의 경영을 그에게 전적으로 맡겼다.

아마존의 제프 베이조스는 자포스 인수를 사업 확장으로만 보지 않았다. 그는 토니 셰이가 가진 열정과 비전, 그리고 이런 이상적 가치를 사업에 적용하는 그만의 천재적 방식을 도입하고 싶어 했다고 한다.

토니 셰이는 "나의 행복은 나의 주변 사람들이 열정과 꿈을 이루면서 행복하게 해줄 때 얻을 수 있다. 이런 열정이 먼저일 때, 사업과 돈은 따라온다"라고 믿었다. 그는 이 비전을 실천하는 데 조금의 망설임도 없었다. 베스트셀러가 된 그의 책『딜리버링 해피니스』에는 이와 관련된 재미있는 예화들이 굉장히 많이 나온다. 무료 배송, 무료 반품 정책도 고객들을 어떻게 더 행복하게 만들어줄까 하는 고민에서 시작했다고 한다. 직원들에 대한 파격적인 복지도 그렇게 나왔다. 직원들을 쥐어짜서 고객 만족을 확보하는 방식과는 완전히 달랐다. 그런 열정의 진정성은 라스베이거스 도시 공동체 프로젝트에서 여실히 드러났다. 그는 사재를 털어서 꿈을 이루고자 하는 수많은 사람들을 입주시키고 자유롭게 자기가 하고 싶은 일을 할 수 있도록 했다. 그리고 그 자신도 작은 트레일러에서 이들과 어울리면서 살았다. 셰이가 죽었을 때, 수많은 사람들이 그가 어떻게 진심을 다해 자신을 도와주었는지 기억하며 추모했다. 그의 너그러움과 인간성, 열정과 진정성을 보여주는 미담들은 끝도 없었다. 그가 자신의 이상이나 이미지를 포장해서 고차원적으로 돈벌이에 이용하는 부류의 사람이 아니었던 것은 분명해 보인다.

그런데 그는 행복했을까? 그가 죽음에 이르기까지 1년여의 행적을 세밀히 전하는《포브스》와《월스트리트저널》의 기사에 따르면 그렇지 않다.

원래 술도 즐겼고 때로 마약도 했던 셰이는 코로나로 정상적인 사회 활동이 불가능해지자 중독 정도가 극심해졌다. 그는 라스베이거스를 떠나 유타주에 새로운 공동체 도시를 만들고자 떠난다. 이때부터 그는 그에게 쓴소리를 하던 오랜 친구와 가족들에게서 멀어진다. 가까운 친구들과 가족들을 만나지 못했던 것이 아니라 그가 연락을 차단했다. 대신 그의 주변에는 그의 중독 증세를 방관하거나 부추기는 이들로만 채워진다. 그는 새로운 공동체로 사람들을 불러모으기 위해 지금까지 받았던 최고 연봉의 두 배를 주겠다고 제안하곤 했다. 그 돈을 받고 셰이가 만든 도시로 이사 와서 행복하게 살면 된다는 조건이었다. 그토록 사람을 좋아했던 그였지만 일대일의 관계는 불편해했고, 동시에 혼자 있는 것은 견디지 못했다. 대규모 파티와 예술 행사가 꼭 필요했던 사람이었기에 코로나는 치명타였다. 그는 젊은 시절을 함께했던 친구들이 나이가 들면서 가족을 꾸리고 아이들을 키우면서 멀어지는 것을 이해하지 못했다. 그는 새로 사귄 젊은 '친구'들과 파티와 예술, 번득이는 아이디어, 꿈과 이상을 좇았다. 그에게 행복은 이런 꿈을 마음껏 펼치는 데에 있는 것일 뿐, 작은 가정을 꾸리고 헌신하는 데에도 있다는 것에 공감하지 못했다.

셰이를 아끼던 오랜 친구는 셰이가 죽기 몇 달 전 이런 편지를 썼다. "너의 주변에 있는 사람들이 전부 너에게 월급을 받는 사람이라면 그건 네가 엄청난 곤경에 처한 거야." 또 다른 친구는 "그는 벌거벗은 왕이 됐고, 주변에는 그것을 지적해줄 사람이 아무도 없는 지경에 이르렀다"라고 애석해하기도 했다.

마약과 알코올 중독 외에도 셰이는 현실을 부정하는 괴상한 생각들에 사로잡혔다. 음식을 안 먹어도 살 수 있나, 산소가 없으면 몸이 어떻게 되나, 소변을 참으면 어떻게 되나 등의 실험을 했고, 촛불은 생명과 같다며 수천 개의 촛불을 켜놓기도 했다. 죽음의 원인이 됐던 화재 현장도 기이하기 그지없다. 그는 화재의 흔적을 찾기 어려울 정도로 멀쩡한 집의 창고에서 혼자 발견되었다. 전날 밤에 산소를 없애보겠다며 초와 히터를 가지고 창고에 들어갔던 것이다. 소방관들이 도착했을 때 창고의 문은 고장인지 스스로 잠갔는지 좀처럼 열리지 않았다. 결국 구조가 지체되었고 즉시 병원으로 옮겨진 셰이는 며칠 후 사망했다. 어떤 정황에서 불이 났는지 정확하게 밝혀진 것은 없지만, 그의 불안정한 정신 상태가 영향을 미쳤을 거라는 추측이 가능하다.

셰이는 중독에 쉽게 빠지고, 외로움을 많이 타는 기질이었다. 어마어마한 성공과 재산 또한 그의 고립을 극대화시켰다. 셰이는 고용인들을 함부로 대하거나 거대한 저택에서 평범한 사람들과 동떨어져 왕처럼 사는 부자는 결코 아니었다. 셰이는 생계 때문에 예술 활동을 못 하는 사람, 작은 식당을 차려 자기만의 요리를 만들고 싶은 소상공인, 세상을 편리하게 만들고 싶은 발명 아이디어를 가진 사람들의 이야기에 진심으로 귀를 기울였고 꿈을 이룰 수 있도록 넉넉한 자금을 지원했다.

그런데 도대체 무엇이 셰이를 현실에서 멀어지게 한 것일까? 남들을 행복하게 해줬는데도 왜 자신은 그렇지 못했을까? 셰이가 정말 행복하지 않았는지 우리는 알 수 없다. 그러나 마약과 알코올에 극단적으로 의존하고 스스로 인간의 신체적 한계에서 벗어난 것처럼 굴며 친구와 가족까지 모두 멀리하는 것은 자신의 삶에서 행복을 찾은 사람의 모습이 아니다.

나는 그 이유가 자본주의 사회에서 돈이 주는 환상에 있다고 생각한다. 다른 사람을 행복하게 해주겠다는 셰이의 진심이 부족했던 게 아니라, 돈이 괴로움을 끝내고 행복을 얻기 위한 최고의 수단이라는 이 사회의 기본 전제가 문제였다. 분명히 돈으로 어느 정도의 행복을 살 수 있지만, 돈으로 채운 자리에는 사라지는 것도 있다. 바로 나 자신이다. 돈을 쓸수록 나의 고유성은 조금씩 희미해진다. 이상한 일이다. 내가 어떤 물건을 얼만큼의 돈을 써서 구매해 나의 독특함, 나의 취향을 드러낸 것도 사실인데. 하지만 그렇게 단순하지가 않다.

자본주의에서 돈은 내 돈이니까, 청구서를 모두 지불하고 나면 내 의무를 다했다는 착각을 하게 만든다. 그러나 내게 돈이 있고, 그 돈의 위력이 아무리 크다 한들, 정작 나 자신은 초라하고 불완전하다. 우리는 모두 누군가의 도움을 받아야 하고, 살아 있는 것만으로 폐를 끼치며 살아간다. 내 돈 주고 산 플라스틱 용기들은 실상 모든 비용을 내가 다 치른 것이 아니다. 쓰레기 봉투를 샀다고 쓰레기에 대한 진짜 비용을 다 지불하지 않았듯 말이다. 인간관계에서도 마찬가지다. 열심히 돈을 벌어서 가족이나 친구에게 넉넉한 물질적 풍요를 제공한다고 해서 관계에서 내 역할을 다한 게 아니라는 건 명백한데, 우리는 그 사실을 쉽게 잊는다. 이렇게 내 돈으로 문제를 다 해결했다는 착각과 그 만족감은 나 자신을 소외시킨다.

셰이는 돈으로 다른 사람의 문제를 해결해주면서 중독 성향이 있고 정서적으로 불안정해 주변의 보살핌과 도움을 받아야 하는 자신의 문제는 잊어버렸다. 그는 거의 뭐든지 할 수 있을 만큼 부자였지만, 그 재산 때문에 자신의 진짜 문제가 돌이킬 수 없을 지경에 이를 때까지 외면할 수 있었다. 자신만의 단점과 불완전함을 서로에게 드러내어 폐를 끼치고, 도움을 받고, 그런 마음의 빚을 갚기 위해 자신을 내어주면서 살아가는 것이 삶의 기본 원리다. 그러나 돈이 모든 상호작용을 대신하는 사회에서 살아가다보면 종종 그 사실을 잊게 된다. 우리는 '폐를 끼치기 싫다'고 말한다. 타인에게 쉽게 '민폐'라는 말을 쓴다. 그러나 우리의 존재는 그렇게 무결할 수가 없다.

'폐를 끼치기 싫어' '민폐야' '나는 내 할 일을 다 했으니 당당해' '나는 책임감이 강해' '난 완벽주의자야'… 사람들은 때로 이런 식으로 생각하고 말한다. 하지만 사람이 온전히 자기 책임을 다할 수 있고, 누구에게도 기대지 않을 수 있을까? 나는 아니라고 생각한다. 다른 사람에게 마구 폐를 끼쳐도 괜찮다고 말하려는 건 아니다. 다만 돈이 오가는 거래에서조차 그것이 전부일 수는 없는 우리의 존재의 복잡성에 대해 생각하고 싶다.

우리가 타인에게 기대지 않으려고 하고, 남들을 배려하려고 노력해야 하는 건 우리에게 진짜 완전한 자립을 이룰 능력이 있거나 남들에게 도움을 줄 수 있기 때문이 아니다. 혼자일 때 인간은 타인의 문제는커녕 자신의 문제도 시원하게 해결할 만한 능력이 없다. 불완전하고 그래서 남에게 자연히 기대며 살아간다. 그럼에도 우리는 노력해야 한다. 실패하기 위해서. 그리하여 이렇게까지 애써도 나 혼자 힘으로 살아가지 못하고 기대야 한다는 것을 깨닫기 위해서. 우리는 그렇게 불완전한 남을 받아들이고 나 자신에게 너그러워지면서 남에게 기대는 용기를 얻게 된다.

4장

숲속에서 내 이야기 찾기

A Capitalist in the Woods

세상의 모욕 앞에서
나를 지키는 시선

사람들은 이따금 내 삶에 대해, 특히 내가 아이들을 키운 방식에 대해 부정적인 의견을 드러낸다. 적나라한 불쾌감의 표현이나 비난일 때도 있고, 부드러운 염려 표시일 때도 있다. 평생 그렇게 살면 안 된다는 말을 들었지만, 아이들 이야기 앞에서는 더많이 흔들리고, 더 많이 상처받는다. '내 인생 망쳐도 좋아. 내 맘대로 살 거야'라고 해버릴 수 없으니까. 타인인데 내가 나 자신보다 더 좋아하는 인간이 내 아이니까. 게다가 지금 당장이 아니라 알 수 없는 미래가 걸려 있기 때문이다.

조금만 더 생각해보면 그들 중 대부분이 내 상황도 생각도 모르며 더군다나 내 아이들에 대해서도 모른다는 사실을 깨닫는다. 그러나 세상이 이처럼 무심코 던지는 평가도 우리를 아프게 할 수 있다. 그 아픔에 휘둘리기 시작하면 이유도 모른 채 남들이 달리는 방향으로 함께 달려가기 시작한다. 세상의 모욕은 그렇게 자칫 내 삶의 통제력을 가져가버릴 수도 있다. 이런 목소리 앞에서 나는 이렇게 대응한다.

일단, 사실을 받아들인다. 상대방이 하는 이야기를 전부 수긍한다. "엄마가 게을러서 아이가 불쌍하다." "공부를 안 시키면 나중에 후회한다." 그 말 속에는 사실도 있다. '그렇지. 내가 게으르지. 맞아, 공부를 안 시키고 있지.' 그렇게 사실로서 받아들인다. 그러면 자연스럽게 이런 의문이 든다. '불쌍한 게 뭐가 문제지? 나중에 후회하는 게 왜 문제지? 원래 인생에서 뭘 하든 후회하기도 하고 상처받기도 하고 불쌍해지기도 하는 거 아닌가?' 사실과 의견을 분리하는 건 여러모로 공포를 줄여준다.

아이를 낳기로 결심했던 20대 후반에도 나는 먼저 한 가지를 받아들였다. 내가 어떤 아이를 낳든, 나는 아이를 최고로 키우지 못할 것이다. 대단한 부자도 아니고, 인격이나 지혜가 딱히 월등하게 훌륭하지도 않고, 뚜렷한 사회적 명예나 권력이 있는 것도 아닌 내가 어떻게 아이를 남부럽지 않게 키울 수 있을까. 그래도 아이를 낳았던 건 나도 아이도 누군가의 눈에는 불쌍하게 비치고 후회도 하겠지만, 산다는 것 자체가 꽤나 좋은 일이라는 개인적인 믿음 때문이었다.

평소에는 이런 초심을 잊고 산다. 완벽과 최고에 대한 욕심이 생긴다. 하지만 이따금 혹 찌르는 비난을 들으면 다시 퍼뜩 정신을 차리게 된다. 나를 비난하거나 무시하는 듯한 이야기를 들으면 반사적으로 화가 치민다. 그리고 어떤 행동에 대한 욕구가 치솟는다. 돈이 없다고 무시당했다면 나도 돈 있다고 외치듯 평소 부담스럽게 느껴졌던 뭔가를 과감하게 지르고 싶어지고, 능력이 무시당했다면 갑자기 아이를 닦달해서 대단한 걸 배우게 하거나 혹은 나라도 근사한 자격증 같은 걸 따버릴까 생각한다. 이런 행동을 궁리하다 보면, 피식 웃음이 나온다. 벼룩 한 마리 잡으려다 초가삼간 태우는 격이다. 분노와 공포, 불안에서 비롯된 행동들은 꺼내놓고 보기에 민망할 정도로 과장됐다는 것을 매번 확인한다.

그다음, 상대방을 연구한다. 내가 상대에게 들은 이야기는 명백한 모욕이다. '아니, 그러는 너는?' 그런 마음이 부글부글 끓어오르는데, 그 마음 역시 진실이다. 그 마음을 한 걸음 더 가져간다. '도대체 이 사람은 어떤 사람이길래, 그런 이야기를 할까?'

박사학위 공부 중이었던 2010년, 나는 한국으로 돌아와 둘째 아이를 낳았다. 3개월 만에 아이를 한국 시부모님 댁에 맡기고 나는 큰아이와 둘이서 미국으로 돌아와 박사학위 공부를 계속했다. 둘째 아이와는 3년간 떨어져 살았다. 이 사실을 안 온갖 사람들이 나를 비난했다. 주 레퍼토리는 바로 그 유명한 존 볼비의 애착 이론이 근거였다. "엄마가 만 3세까지 애를 직접 키우지 않으면 아이가 평생 정서적 문제를 갖게 된다."

어느 날, 시애틀의 근교의 한인 교회에서 예배가 끝나고 마당으로 나왔는데, 어느 여성이 나를 향해 뛰어오다시피 빠른 걸음으로 다가왔다. 낯은 익지만 한 번도 대화를 나눠본 적이 없는 사람이었다. 그녀는 흥분해서 다짜고짜 말을 꺼냈다. "내가 이야기를 들었는데, 애를 직접 안 키우면 큰일 나요." 뭐라 할 말이 없어 맞장구를 쳤다. "글쎄 말이에요. 정말 큰일이에요." 그러자 그녀는 갑자기 "애가 불쌍해요." 하며 울기 시작했다. 그쯤 되자 내 상황보다는 이 사람이 신기했다. 그래서 교인들이 돌아간 뒤 아무도 없는 놀이터에서 한 시간이나 서서 이야기를 계속했다.

그녀는 남편과 동시에 박사과정을 이수하며 아이를 키웠는데, 부부의 학교가 달라서 떨어져 살았다. 아이를 따로 맡아 키워줄 사람이 없어 직접 기르기는 했지만, 아이는 아빠 집과 엄마 집을 계속해서 오가야 했다. 그래서 갓 초등학교에 들어간 그 아이에게 정서적으로 문제가 있다는 이야기였다. 나는 평소에도 아이들 노는 걸 구경하기를 좋아해서 아는 아이였다. 내 눈에는 그녀의 아이에게 심각한 문제가 있는 것처럼 보이지는 않았는데 오히려 엄마의 관심이 문제를 키우고 있는 것 같았다. 그래서 좀 더 물어봤더니 그녀는 갑자기 속내를 털어놓기 시작했다. 박사 공부를 하는 동안 같은 분야를 공부하는 남편에게 경쟁심이 생겨서, 아이를 돌볼 여력이 될 때도 아이를 남편에게 데려다주고 연구에 전념했다는 것이다. 자신이 아이를 보고 있는 동안, 남편이 더 많이 공부할 거라는 불안감이 들었기 때문이었다. 그리고 지금은 셋이 모여 사는데, 아이가 아빠를 더 좋아하는 것 같아서 질투가 난다고도 했다. 부부 둘 다 좋은 직장을 얻었지만, 여전히 그녀는 아이를 돌보고 있으면 남편에게 직업적으로 뒤질 것 같은 불안감이 든다고 했다. 그녀는 이 이야기를 하는 내내 울었다. 그리고 내 둘째 이야기는 한마디도 하지 않았다.

그녀의 갑작스러운 참견은 자기가 못 한 것에 대한 회한이었지만 다른 경우에는 자신의 방식을 인정받고 싶어서일 때도 있다. "그렇게 기본도 안 하면서 엄마 노릇해봤자, 진짜 엄마라고 할 수도 없어. 이기적이다." 이런 사람들도 막상 내가 질문을 던지기 시작하면 자신의 인생 이야기를 길게 들려준다. 자신이 얼마나 많은 희생을 했는지, 자식에게 좋은 소리도 못 들어도 오로지 잘 되라는 마음으로 계속해왔는지. "세상이 좋아져서, 그렇게 알량하게 엄마 행세하면서 옳은 거라고 주장하다니"라고 분노하기도 한다. 좋은 부모라는 인정이 고픈 사람들이다. 누가 뭐라고 한 것도 아닌데도 "내가 이렇게 정성을 들여서 부모 노릇 하는 게 잘못됐다는 거야?" 하고 질문 아닌 질문도 한다.

사람들의 거친 비난을 들으면 나 역시 분노하게 된다. 그런데 비난의 대상이 된 나에게서 벗어나 그들의 이야기를 듣고 있자면, 나에 대한 비난의 강도만큼이나 그 자신의 이야기도 어둡고 괴롭다는 것을 깨닫는다.

고등학생이 된 큰딸이 얼마 전 사람들이 자신을 어떻게 보는지 궁금하다고 말했다. 나는 사람들이 나를 어떻게 보는지 생각하고 그들의 반응에 신경 쓰는 건 별로 쓸모가 없다고 대답했다. 사람들이 타인을 보며 판단할 때, 그들은 늘 자기 자신을 비춰보고 있기 때문이다. 타인이 가진 무수히 많은 것들 중에서 자신의 모습을 찾는 것이다. 우리에게 더 중요한 질문은 늘 '내가 어떻게 다른 사람을 보고 있는가'라는 문제다. 타인에 대한 내 반응이 내가 누구인지 가장 정확하게 알려준다.

나를 비난하는 사람을 연구하는 방법은 꽤나 강력한 방법이지만, 매번 이렇게 할 수는 없다. 남의 이야기를 이렇게 집중해서 정성껏 들어주는 일은 시간적으로도 정신적으로도 부담스러운 일이다. 하지만 이렇게 하지 않으면서 비난만 많이 들으면 그것 역시 분명히 상처가 된다. 그리고 별 쓸모도 없는 의심이 든다. '내가 정말 문제가 아닐까?' 고치지 못하거나, 안 고쳐도 괜찮은 문제에 대해 불안해하는 것은 백해무익하다.

그래서 나는 내가 뭘 해도 칭찬해주는 사람들을 무엇보다 소중하게 여긴다. 이런 사람들의 존재는 나를 지켜주는 유일한 방어막이다. 나는 스스로를 지키는 힘인 자존감을 별로 대수롭지 않게 여긴다. 심리학자 마크 리어리의 소시오미터 sociometer 이론은 자존감 따위는 중요하지 않다는 주장에 잘 들어맞는다. 소시오미터는 타인에게 내가 어떻게 보이는지를 감지하는 정도를 말한다. 남이 나를 긍정적으로 봐준다고 인식하면 내가 그만큼 괜찮은 인간이라고 생각하게 된다는 이론이다. 내가 나 자신을 긍정하는 자존감과는 완전히 다른 이야기다.

내가 자존감을 믿지 않는 이유는 간단하다. 나는 스스로를 절대적으로 긍정할 만큼 대단한 인간이 아니다. 성인군자나 사이코패스가 아니라면 홀로 있는 인간은 누구든 불완전하다는 느낌으로부터 자유롭지 못하다. 내가 나를 절대적으로 존중하지 않는다고 스스로 비하한다는 뜻은 아니다. 나는 그 대신 나를 존중해주고 무조건 지지해주는 사람들의 이야기를 철석같이 믿는다. 내가 실제로 칭찬받을 만큼 대단한지 아닌지는 중요하지 않다. 나를 좋아해주는 사람들을 찾아내서 그들의 말을 열심히 듣는 것이다.

나를 긍정해주는 사람들을 찾아내는 것보다는 스스로 괜찮은 사람이라고 결단하는 편이 더 쉽고 확실하게 느껴질지도 모른다. 자존감의 매력은 여기에 있다. 누구의 도움도 필요로 하지 않고 나 혼자 결정하면 될 것 같으니까. 하지만 누구나 나름대로의 굴곡을 겪는 삶 속에서, 영원히 흔들리지 않는 마음으로 나를 지지해줄 수 있을까? 성인이나 구도자들이 평생 수행하며 추구하는 경지가 이와 비슷하다. 그렇다면 한평생 도달해도 이룰 수 없는 무엇 같기도 하다.

그래서 나는 지금 이 순간 나를 믿는 대신, 나를 믿어주는 사람을 믿고, 그들에게 나도 그런 사람이 되어주는 쪽을 선택하기로 했다. 나 자신을 믿는 것은 언제고 허물어질 수 있는 허술하기 짝이 없는 방어지만, 나를 칭찬하고 나를 긍정해주는 사람의 말을 믿는 것은 꽤나 든든하다.

함께해야
나를 찾을 수 있다

　스무 살 청년이 숲으로 걸어 들어갔다. 그는 27년간 그 어떤 인간과도 마주치지 않고, 단 한 마디 말도 나누지 않고, 완벽하게 혼자서 살았다.

　세상에 대해 아무런 기대도 없고, 세상의 요구에도 반응하지 않았던 사람이 있다면 이 사람이다. 기이하고 슬픈 이야기다.

　그 청년의 이름은 크리스토퍼 나이트다. 그는 1986년 고향 집 근처인 미국 메인주의 숲속으로 사라졌다. 『숲속의 은둔자』는 그로부터 27년 후 숲에서 나온 나이트와의 인터뷰를 바탕으로 쓰인 책이다. 입고 있던 옷과 텐트 하나를 지니고 사라진 그는 빈 통나무집에서 잔 단 하루를 제외하면 27년 내내 야외에서 살았다. 미국 북단에 위치한 메인주의 매서운 추위에서 살아남기 위해 기온이 가장 많이 떨어지는 새벽 시간에는 억지로 일어나서 걸으면서 체온을 유지했다. 사람들의 눈을 피하기 위해 숲에서 지나간 흔적을 남기지 않고 이동하는 방법을 익혔다.

이 책의 저자 마이클 핀클이 설명하는 것처럼 나이트는 너무나 이상한 사람이다. 역사에 기록된 인물 중 나이트처럼 장기간 타인과의 접촉 없이 살아간 사람은 없었다. 역사적으로도 독방 감금이나 사회로부터의 추방이 어떤 고문보다 더 잔인한 처벌이었다.

폴 오스터의 소설 『달의 궁전』에는 다음과 같은 이야기가 있다. 어떤 사람이 세상을 등지고 혼자만의 시간을 보내려고 사막 한복판으로 간다. 집, 식량, 물, 냉난방 등 생존과 편의를 위한 모든 것이 완벽했다. 그런데 얼마 지나지 않아, 이런 필수품이 떨어지기도 전에 미친 것처럼 차를 몰아 가장 가까운 허름한 술집에 들어간다. 외롭거나 누구와 얘기를 나누고 싶었던 것이 아니다. 사람이 바글대고 떠들썩한 술집에 '혼자' 앉아 있는 것만으로 충분했다. 사막에서 그토록 지긋지긋한 타인의 존재 자체가 사라지자 '나' 역시 없어지며 미치는 상태가 되었던 것이다. 술집에서 찾은 건 타인이 아니라 '나'였다.

그런데 나이트는 도대체 어떻게 절대의 고립과 고독에서 살 수 있었을까? 너무나 기이해서 저자는 유전적 돌연변이 때문이 아닐까 하는 의심까지 한다. 타당한 의심이다. 동물적 욕구가 다 채워져도 고립 상태의 인간이 결국엔 미쳐가는 사례를 풍부하게 소개한다. 나이트가 사회를 등진 이유는 본인조차도 모른다. 가족 전체가 내성적이고 사교적이지 않은 성품이긴 했지만, 특별히 결정적인 사건은 없었다. 그냥 혼자이고 싶었다.

나이트는 예수나 부처도 이르지 못한 절대의 자유에 도달한다. 단 한 순간도 외로운 적이 없었던 것이다. 책에 소개된 또 다른 수도승 텐진 팔모는 은둔의 고독이 주는 해방감을 이런 말로 표현했다. "더 많이 깨달으면 깨달을수록 깨달을 것이 아무것도 없다는 사실을 더욱더 깨닫게 된다." 나이트 또한 지금 존재하는 상태에 집중할수록 타인이 없다는 생각조차 들지 않았다.

타인이 사라지면서 내가 누구인지, 나의 이야기를 들려줘야 할 필요도, 내가 어떤 사람인지 보여주고 증명해야 할 필요도 전부 사라졌다. 이 완벽한 자유는 곧 나 자신이 사라지는 것이다. 나이트는 글을 쓰거나 그림을 그리지도 않고, 살아 있는 것 이외에는 아무것도 하지 않고 자연에서 살았다.

나이트는 소로가 자연에서 조화롭게 살려고 했던 노력을 높이 평가하지 않았다. 소로가 자연에서 뭘 했든, 결국에는 책을 써서 남들에게 나를 좀 봐달라고 외친 것이라고 보았다. 이 책을 읽고 나는 일주일 가까이 혼란에 빠졌다. 물질적 소비를 최소한으로 줄이고, 나 자신에게 자족하면서 살겠다는 소망이 터무니없게 느껴졌다. '아, 숲에 가서 못 사는데 어떡하지? 따뜻한 물에 샤워도 해야 하고, 글 써서 사람들 칭찬도 받고도 싶은데, 나답게 살고자 하는 것은 거짓 욕망일까?'

사르트르는 "타인은 지옥이다L'enfer, c'est les autres"라고 말했다. 그런데 나중에는 사르트르가 직접 이 유명한 문장이 잘못 이해되고 있다고 밝혔다. 흔히 인용하듯이 나를 괴롭히는 타인과의 나쁜 관계 때문에 지옥같이 힘들다는 뜻이 아니라, 내가 나 자신을 인식하고 스스로를 평가하는 모든 것이 타인의 시선으로부터 온다는 뜻이라고 설명했다. 그러니 정확하게 해석하자면, '타인은 지옥이다'가 아니라, '지옥은 타인에 있다'가 더 맞을 것이다. 이 대사가 등장한 사르트르의 연극에는 지옥에 갇힌 세 사람이 등장한다. 이 공간을 지옥으로 만드는 것은 갇혀 있다는 사실도 아니고, 나머지 두 사람이 나를 괴롭히고 나를 비난해서도 아니다. 내가 나 스스로를 평가하기 위해 다른 사람이 필요하다는 사실이 '지옥'이라고 사르트르는 설명한다. 생존을 위해 공기와 물이 필요하듯이, 끊임없이 타인에게 기대어야 한다는 그 사실. 우리는 이 지옥 속에서 살아가야 한다. 타인이 나를 괴롭혀서가 아니라 내가 나로 살아가기 위해서다.

그렇다면 나이트가 자신의 생존에만 집중해서 자유를 얻은 상태가 진정한 '나'로 살아가는 것일까? 이 질문에 실마리를 찾기 위해 나이트가 27년 만에 숲에서 나오게 된 계기를 살펴보자. 나이트는 숲에서 살아남기 위해 초인적인 노력을 기울였고 재능을 발휘했다. 하지만 혹독한 겨울과 사람의 왕래가 많은 여름에 굶어 죽지 않고 사람의 눈을 피해 생존할 수는 없었다. 그래서 택한 방법이 좀도둑질이었다. 메인주는 주말이나 여름에만 이용하는 별장이 많은 지역이다. 그는 빈 별장에 들어가 먹을 것을 훔쳤다. 말처럼 간단한 일이 아니다. 방범 장치, 자물쇠, 사나운 개 등의 장애물을 넘어야 했고, 사람들이 없는지 확인해야 했다. 그래서 나이트는 별장들을 몇 날 며칠이고 멀리서 면밀히 관찰했다. 그리고 숲으로 들어가기 직전에 일했던 방범 회사에서 배운 지식을 활용했다. 그러다가 체포되어 인간 세상에 돌아오게 된 것이다.

재판이 시작되자 사람들의 의견이 갈렸다. 법적으로 범죄의 행위만을 놓고 보면 단순 잡범 정도였다. 이미 공소시효가 지난 사건도 많았고, 훔친 물품의 가치로 따져봤자 별게 아니었다. 하지만 27년간 이어지며 전설이 된 도둑은 집주인의 안전에 대한 믿음을 훼손했다. 집을 비운 사이 누가 와서 초콜릿 하나를 훔쳐

가도 우리는 침해당했다고 느낀다. 적어도 나의 집에서는 안전하길 기대하기 때문이다. 이 사적 공간에서의 안전함에 대한 기대는 자연스러운 것이 아니다. 인간 사회가 오랜 시간을 들여 함께 만들어낸 인공물이다. 좀도둑질이란 행위의 옳고 그름이 문제가 아니라, 나이트가 자신의 가장 기본적인 생존을 위해 결국 인간들이 함께 만들어낸 구조물에 기댔다는 사실이 중요하다. 그는 결코 혼자가 아니었다. 야생에서 동물들이 서로를 잡아먹는 행위와는 달랐다. 나이트도 자신이 절대로 도둑질을 즐긴 것이 아니며 정말이지 괴로웠고 피해자들에게 죄책감을 느꼈지만, 죽지 않고 살기 위해 어쩔 수 없었다고 인정한다.

다시 소로의 이야기로 돌아가보자. 소로의 실험을 비하하는 사람은 나이트만이 아니었다. 어떤 사람들은 소로가 자연에 살면서 고독을 찬미하지만, 실제로는 오두막을 지은 땅도 친구가 공짜로 빌려준 것이고, 자주 마을에 내려와 친구나 가족들과 만찬을 즐겼으니 문명을 등지고 자연과 함께하는 삶이라고 할 수 없다고 지적한다. 이 비난이야말로 소로를 더 정확하게 이해하는 열쇠라고 생각한다. 특히 나처럼 숲속에 들어가 살고 싶지 않지만 나답고 싶고 좋은 삶도 포기하고 싶지 않은 사람에게는 더욱 그렇다.

소로의 문명 비판은 흑백의 논리가 아니다. 문명을 비판한다고 해서 다들 자연으로 돌아가 살자는 것은 논리적 비약이다. 그는 세상이 나를 인정해주겠다고 약속한 적은 없다고 말했고, 그런 인정 없이도 살아갈 수 있는 방법을 공부한다고 했지만, 모든 교류와 인정을 포기하겠다고는 하지 않았다. 비슷해 보이는 이야기지만 중요한 차이가 있다. 우리가 생존에 필요한 것 이상의 표현을 하고, 옷을 입고, 일을 하는 모든 행위는 결국 누군가에게 보이기 위해서다. 그 보상의 형태가 돈이든, 명성이든 우리는 남들에게 나 자신을 보여주기 위해 산다. 다만 소로는 세상은 보답을 약속한 적 없으니 세상을 원망하지 않아야 한다고 말했다.

앞에서도 말했듯이 소로는 출판을 거절당해서 자비로 낸 책이 팔리지 않아 그 빚을 갚느라 고생했고, 가족의 생계를 위해 연필 공장 운영을 도왔으며, 형과 함께 학교를 세워 학생들을 가르쳤다. 그래도 돈이 모자라면 부자 친구 집에서 숙식을 해결하며 가정교사 노릇도 했다. 부자 친구인 에머슨과 함께 철학적 공동체를 세우려는 궁리도 했다. 월든 호숫가에 직접 지은 작은 오두막은 고작 침대와 식탁 하나밖에 안 들어가는 공간이지만 거기에는 '친구가 와서 앉을 의자 하나'가 추가로 들어간다.

소로는 인간을 거부한 것이 아니었다. 자연에 대한 사랑은 그에게 중요했던 삶의 방식이었을 뿐이다. 소로는 우리 모두에게 하고 싶었던 이야기의 핵심을 다음과 같이 정리한다.

우리는 길을 잃고 나서야, 즉 이 세상을 포기하고 나면, 바로 그때부터 우리 자신을 발견하기 시작한다. 우리가 있는 그 자리를 깨닫게 되면 드디어 우리가 맺고 있는 무한한 관계가 보이는 것이다.

세상이 내게 거는 기대에 무심하기 위해, 우리는 결국 더욱더 사람에게 기대어야 한다. 나 자신을 잃는다는 것도 결국 내가 있는 관계 안에 존재하는 것이다. 내가 완벽한 존재가 되려고 하지 않고, 나의 모자란 점을 채워주는 사람들을 발견하며 사는 삶이다. 그래도 그런 사람들과 사회에 대해 빚을 졌다는 생각은 하지 않는다. 나도 그들도 관계 안에 있는 것만으로 서로의 모자란 점을 채워주고 있으니, 세상이 나를 통해 흘러간다.

나의 모자란 점이야말로 나 자체다. 타인과 부대끼며 살아가는 가운데 오는 고통은 나답게 타인과 연결되는 것이다. 그 고통을 그토록 피하고자 했던 나이트는 좀도둑이 되어 사람들에게 다른 고통을 안겼다. 타인과 함께 살아가는 일은 분명히 때로 불편하고, 내 부족한 점들을 마주하게 하며, 아무리 노력해도 그 거리를 좁힐 수 없을 것 같은 순간도 많다. 이런 우리의 인생이 쉬

워지는 일은 없겠지만 인간으로 살아가는 이 수고로움이 자신을
잃음으로서 더욱 나다워지는 길임을 깨달을 수는 있다.

나이트와 같은 은둔자들은 인생에 깨달을 것이 없다 말했다.
그러나 소로의 말처럼 인생은 나를 끊임없이 발견하는 과정이라
는 것이 더 진실에 가깝지 않을까? 소로는 나를 발견하는 것을
'시작한다'고 했지 '발견했다'고 하지 않았다. 그리고 '끝이 없이
무한한 관계'라고 덧붙였다.

소로의 시시하고
소중한 이야기

헨리 소로는 『월든』에서 왜 자신의 개인적인 이야기를 책으로 쓰는지를 다음과 같이 설명한다. 사람들이 소로의 삶에 대해 대단히 구체적인 질문들을 했기 때문이다. 무얼 먹고 살았느냐, 외롭지는 않았느냐, 돈은 어디에다 썼느냐 같은 시시하고 지극히 개인적인 질문들 말이다.

소로는 이런 시시콜콜한 이야기들이 사람들의 비웃음이나 비난의 대상이 될 것이라는 것을 잘 알고 있었다. 지금이야 유명 인사지, 당시 소로는 하버드대학을 나왔을 뿐 빠듯한 집안 배경에 뚜렷한 직업도 없는 그저 그런 먹물 백수의 처지였다. 출판에 쓴 돈을 갚느라 오랜 시간 고생하기도 했다. 그런 무명 지식인에 대한 개인적인 질문을 '하나 마나 한 impertinent' 일이라고 생각하는 사람들도 있지만, 자신은 이런 질문들이 '핵심적 pertinent'이라고 믿는다고 밝힌다. 따라서 독자들은 각자 자신에게 맞는 부분만 받아들이라고 한다. 여기시 소로는 득유의 유머러스한 비유를 곁들인다.

> 내 몸에 딱 맞는 코트가 쓸모 있는 것이지, 솔기를 잡아당겨 가며 맞지도 않는 코트를 억지로 입는 사람은 없다.

이 비유는 그저 재치 있는 표현에 그치지 않는다. 바로 이어 소로는 사람들이 억지 고생과 부자연스러움을 자초해서 삶을 힘들게 살아간다는 한탄을 하는데, 그래서 이 비유가 반대로 읽힌다. 맞지도 않는 코트를 억지로 입지 않는 사람이 아무도 없는 것이 아니라, 그렇게 우스꽝스러운 고생을 하는 사람이 많다고 이야기하는 게 아닐까? 이 책을 여러 번 읽어도 매번 구석구석에서 소로 특유의 능청스러움을 새로이 발견한다.

그렇다면 나는? 남들이 보기에 좋아 보이지만, 내 몸에는 꼭 맞지 않는 코트를 솔기를 당겨가며 입고 있지는 않은가?

나의 시시콜콜한 일상이자 내게 꼭 맞는 코트 중 하나는 낮잠이다. 내가 정규 직장을 포기했을 때 얻은 가장 확실한 장점은 낮잠을 자고 싶을 때 잘 수 있다는 점이었다. 사춘기 때 반항심이 극에 달해서 가출했다가 하룻밤도 새우지 못하고 돌아온 이유도 내가 자고 싶을 때 내 방문을 잠그고 자는 것의 중요함을 깨달았기 때문이다(그리고 아무도 내가 가출한지 몰랐다). 고등학교 때 방과 후 야간 자율 학습을 안 하겠다고 선생님과 싸운 이유도 낮잠을 자기 위해서였다. 여행을 다니지 않는 이유도, 잠자는 시간에 방해가 되기 때문이다. 아이가 스스로를 돌볼 줄 알도록 기르려는 동기도, 아이가 혼자 시간을 보낼 때 나는 잠을 푹 자기 위해서였다. 빚 없이 살기 위해 돈 관리에 치열한 것도 속 편하게 자기 위해서다. 자산을 늘리거나 투자하는 데에는 관심이 없는 이유도, 빚 없는 진짜 내 공간을 유지해야 잠이 잘 오기 때문이다. 빚이 있으면 소득 활동을 해야 하고, 아무리 고소득의 정신 노동이라도 내 잠은 일보다 뒷전이 된다. 심지어 소로가 주장하는 자연에서의 좋은 삶도 내가 자고 싶을 때 자는 자유와 안락함보다 중요하지 않다. 낮이건 밤이건 졸릴 때 알람 시계를 신경 쓰지 않고 달콤한 기분으로 즉시 자는 것! 그것을 일생 동안 변함없이 실천하며 살아가는 것이 내게 가장 잘 맞는 코트다.

이렇게 말하면 사람들은 내가 농담하는 줄 안다. 하지만 나는 전혀 웃지 않고 이 이야기를 한다. 소로는 지극히 개인적인 일상은 남의 눈에 이상할 수밖에 없다는 것 역시 알고 있었다.

나는 다른 작가들도 남들에게서 들은 남의 이야기가 아니라 자신만의 삶에 대한 소박하고 진실된 이야기를 쓰라고 하겠다. 그런 이야기들은 그가 먼 나라에 기서 자신과 비슷한 사람들에게 보내는 이야기처럼 들릴 것이다. 그가 진실된 삶을 살았다면 말이다.

나에게 『월든』은 '좋은 삶'에 대한 이야기가 아니다. 1846년대를 살아가던 소로의 코트는 2020년대를 살아가는 내게 잘 맞지 않는다. 게다가 나는 자연에서 겪는 불편을 별로 좋아하지도 않는다. 하지만 소로는 한 사람의 개인적인 이야기가 비슷하게 자라 같은 동네에 사는 친구나 친척, 이웃에게도 낯선 것이 당연하다고 이야기한다. 바로 이 낯섦! 평범한 사람인 나 자신의 하루 일상을 나 자신으로 충실하게 삶으로써 저절로 발생하는 이 독특한 낯섦에 대한 위로와 확신을 얻고자 한다면 도심의 아파트에 살든, 숲속 깊이 오두막을 짓고 살든 상관없이 『월든』에서 큰 위안을 얻을 수 있다.

나 역시 나만의 이야기를 할 것이다. 내가 낮잠을 참는다면, 세상에 작게나마 의미 있는 기여를 할 수도 있고, 돈을 더 많이 벌고, 사회적 인정을 얻었을지도 모르는 일이다. 이런 가정 자체가 아주 이상하다는 것을 잘 안다. 먼 나라의 이야기처럼 말이다. 하지만 내가 들려주는 나의 이야기는 오직 나에게만 중요한 '낮잠 따위'를 지키면서, 이 세상의 조건들과 타협하고 설득하고 방법을 찾아가는 이야기다. 나만의 진실한 삶이다.

같은 맥락에서 소로의 이야기를 나만의 진실한 태도로 읽는다. 훌륭한 학자나 소로 전문가들의 해석이 아닌 내가 읽는 것! 모든 사람의 진실한 삶이 다 각각 달라야 하듯, 하나의 책을 읽는 것도 그렇게 달라야 한다. 나의 감상 방법이 옳다고 주장하는 것이 아니라, 이렇게 자유롭게 각자의 느낌에 맞게 읽을 자유가 있다는 것을 보여주기 위해서.

아마존의 2019년 드라마 시리즈 〈모던 러브〉의 한 에피소드에서는 앤 해서웨이가 주인공 렉시를 연기한다. 렉시는 극단적인 수준의 양극성 장애가 있다. 아무런 예고도 없이 조증과 울증이 반복적으로 덮친다. 조증 기간 중에 렉시는 최고의 인간이다. 에너지 넘치고, 똑똑하고, 온 세상을 사랑한다. 그러다가 울증이 오면 침대 밖으로 한 발짝도 못 나온다. 렉시는 자신의 장애를 숨기고 간신히 변호사가 되고 사랑하는 남자를 만나고 친구도 사귄다. 하지만 지속적으로 일관된 모습이어야 한다는 사회적 기대에 도저히 맞출 수 없다는 것을 깨닫고, 더 이상 울증을 숨기기를 포기한다. 회사에서 해고를 당하는 것을 수용하고 친구에게도 장애를 고백한다. 이야기는 여기서 끝난다. 친구와 가족들이 장애를 드러낸 렉시를 어떻게 받아들이는지는 알 수 없다. 하지만 렉시가 드디어 스스로를 진짜로 사랑하기 시작했다는 것만은 분명하다. '매일 일관된 기분과 에너지로 살아가야 한다'는 사회적 규칙의 뻣뻣한 코트를 억지로 솔기를 잡아 당겨가며 입는 것이 아니라, 자기 몸에 맞는 이야기를 만들어가는 첫걸음을 뗐다.

봉준호 감독은 아카데미 수상 소감으로 마틴 스코세이지 감독의 말을 인용했다. "가장 개인적인 것이 가장 창의적인 것이다." 무라카미 하루키는 『직업으로서의 소설가』에서 자신이 글을 쓰는 가장 중요한 원칙을 이렇게 설명했다. "쓰면서 내가 즐거운 글을 쓴다. 내가 즐거우면 그것을 똑같이 즐겁게 읽어주는 독자가 틀림없이 어딘가에 있을 것이다." 베스트셀러 작가인 말콤 글래드웰은 《조선일보》와의 인터뷰에서 베스트셀러를 연달아 써내는 비법 아닌 비법을 들려주었다. 그는 오히려 독자들의 기대에 대해 생각하지 않으려고 노력한다고 말했다. 그는 자신이 관심을 가지면 다른 사람들도 그 주제에 흥미를 느낄 거라는 확신이 있다며, 창의적인 사람들이 슬럼프에 빠지는 큰 이유 중 하나가 타인의 기대에 너무 집중하는 데 있다고 진단했다.

여기서 자연히 의문이 든다. 자기만의 이야기가 있으면 누구든 봉준호, 스코세이지, 하루키, 글래드웰 같은 성공을 이룬다는 말인가? 혹은 소로나 반 고흐처럼 죽고 난 후라도 명성을 날릴까? 그런 성공을 이뤄본 적 없는 나는 알 수 없다. 하지만 한 가지 확신하는 건, 인정받기 위해 나의 이야기를 버리고 남들의 기대에 맞춘다고 해서 성공의 확률이 높아지는 건 아니라는 점이다. 그럴 바에는 내가 하고 싶은 나만의 이야기를 하고 성공이 아닌 나만의 재미라도 맛볼 것이다. 자신만의 진실한 이야기는 세상 전체가 아니더라도 적어도 몇 명에게는 나만이 줄 수 있는 독특한 즐거움이 된다.

삶은 우리를
속이지 않는다

　지난 주말 워싱턴주 올림픽 반도의 숲속에서 하늘을 올려다보며 사진을 찍었다. 어른 몇 사람이 두 팔을 뻗어도 안을 수 없을 만큼 굵직한 나무들이 끝을 모르고 솟아 울창한 가지로 하늘에 무늬를 그리고 있었다. 너무 춥지도, 덥지도 않고 1년 내내 습한 미국의 북서부 태평양 연안은 세계에서 가장 나무가 잘 자라는 곳이다. 그러나 그토록 좋은 환경에서도 나무가 할 수 있는 건 제한되어 있다. 나무는 한 자리에 뿌리를 내리면 움직이지 못한다. 나무들이 가진 자유는 위로 자라는 자유뿐이다. 모든 나무들은 그 자유를 선택해 철저하게 쟁취한다. 우리는 우리가 가진 자유를 충분히 누리고 있을까?

얼마 전 친한 동생을 오랜만에 만났다. 동생에게는 고민이 있었다. 남편이 화가 나면 폭력적으로 변한다고 했다. 일단 폭력의 범위를 확인했다. 사람을 때리거나 기물을 파손하지는 않고 식탁을 쾅 내리치거나, 발을 구르거나, 책이나 쿠션을 던지는 식이며, 빈도는 서너 달에 한 번 정도다. 더 심해지지는 않고 정기적이다. 이런 물리적인 폭력보다 고함을 지르는 게 더 참기 힘들다고 했다.

이런 이야기를 들었을 때 우리는 보통 먼저 그 남편을 비난하고, 이런 행동을 멈춰야 한다고 말한다. 옳은 말이다. 고함 또한 명백한 폭력이 될 수 있으며 우리는 어떤 종류의 폭력에도 눈감아서는 안 된다. 아직 갈 길이 멀고 느리지만, 사회는 점점 그런 방향으로 움직이고 있다. 하지만 이 동생은 사회의 발전을 위해 살아가는 것이 아니라 현재 자신의 삶을 살고 있다. 동생이 고민해야 할 것은 내가 지금 현재 상황에 있는 목적이며, 인정해야 할 것은 사람은 누구나 그냥 자기 자신으로 살아간다는 사실이다. 지금 나를 괴롭히는 것 같은 사람도, 내게 애정과 친절을 베푸는 사람도 그 사람의 모습대로 살아가는 것으로 감사할 일도 특별히 미워할 일도 아니다. 그렇기에 나에게 맞춰 변화할 가능성도 거의 없다. 자기 자신으로 존재하는 사람들 중에서 내가 마음에 드는 인간을 찾아내 함께하는 것도, 그 선택을 물리는 것도 나의 선택이다.

동생에게 지금이라도 내가 왜 결혼했는지, 나의 진짜 목적이 뭔지 알아내야 한다고 말했다. 혼자 벌 때도 경제적 수입은 넉넉했던 동생이 결혼한 것은 정서적 동반자를 원해서일 수도 있고 제도권에 속하고 싶어서일 수도 있다. 아기를 같이 기를 사람이 필요했는지도 모른다. 그것만 알고나면 다음 단계는 자명했다.

"일단 남편한테 네가 얼마나 고통받고 있는지 분명하게 알려. 그러고 나서도 남편이 행동을 안 바꾸면, 그때 네가 선택하면 돼. 서너 달에 한 번 소리 질러도 결혼에서 네가 원하는 게 충분하면 그냥 참기로 결정해. 상처받았다고 생각하지 말고. '어쨌든 내가 원하는 걸 얻고 있어' 이렇게 생각하는 거야. 그게 아니면, 누가 뭐라고 하든 이혼해버려. 그러니까 이제라도 이 결혼에서 네가 원하는 게 뭔지, 그거랑 남편이 소리 지르는 거랑 비교해서 네 마음대로 결정하면 돼."

예전에 좋아했던 시가 하나 있다. 푸시킨의 「삶이 그대를 속일 지라도」.

삶이 그대를 속일지라도,

슬퍼하거나 노여워하지 말라!

우울한 날들을 견디면

믿으라 기쁨의 날이 오리니

이제는 이 시를 더 이상 좋아하지 않는다. 삶은 한 번도 나를 속인 적이 없다는 것을 사실로 선택했기 때문이다. 기쁨의 날이 오지 않으리라는 것을 알게 된 건 부모로부터 독립한 후였다. 어린 시절의 상처를 치유하려 해도 아픔은 곪고 원망은 깊어졌다. 기적처럼 해소되는 일은 없었다. 부모님은 특별히 나를 상처 주려고 한 것도, 그렇다고 나에게 은혜를 베푼 것도 아니라 그분들의 삶을 살았을 뿐이었다. 독립이란 그런 것이었다.

부모님만 그런 것이 아니라 남편이나 사회에서 만나는 사람들 모두 당연히 마음에 드는 사람과 안 드는 사람이 있지만, 그들에게 나는 그렇게 특별한 존재일 수가 없다. 각자 자기 인생을 사는 것이 내 마음에 들기도 하고 안 들기도 하는 것뿐이다. 사람들만 그런 건 아니다. 이 지구, 우주 자체도 그렇게 나에게 무심하다고 믿기로 했다.

많은 사상가나 종교 지도자들도 비슷한 이야기를 했다. 불교 최초의 경전 『숫타니파타』의 유명한 경구도 정확히 이 내용을 담고 있다.

소리에 놀라지 않는 사자와 같이,
그물에 걸리지 않는 바람과 같이,
흙탕물에 더럽혀지지 않는 연꽃과 같이,
무소의 뿔처럼 혼자서 가라

내 마음대로 할 수 있는 것은 정말이지 내 마음뿐이다. 경전은
은혜를 입었다는 마음에도, 상처를 받았다는 생각에도 휘둘리지
말라고 한다. 니체가 주장한 초인 또한 타인들이 만들어놓은 가
치 체계 자체를 따르지 말고 스스로 결정해야 한다고 말한다.
그러면 이런 의문이 뒤따른다.
어떻게 사람이 혼자 사나? 자기 혼자 옳다고 생각하고 살면
남들과 어떻게 어울리나? 사회 전체의 불평등과 불행을 개선할
수 있는데 외면하는 게 아닐까? 나 하나의 안위만 생각하는 것
은 너무 이기적인 것이 아닐까?

이런 회의를 철학과 삶의 통합으로 가장 통렬하게 보여준 사
람이 스피노자다. 400여 년 가까운 시간을 넘어도 그의 이야기는
여전히 생생하다.

스피노자는 참으로 멋진 사람이었다. 신에 대한 자신의 생각을 굽히지 않았고 평생 일을 하며 검소하게 살았다. 그러면서 깊은 사유를 했다. 그는 사상이 천재적이었을 뿐만 아니라 삶을 통해 그 사상을 쟁취했다. 나무처럼.

스피노자는 현대 철학자들의 철학자다. 그의 철학을 통해 현대의 인간이라면 너무도 당연하게 받아들이는 단순한 생각의 틀이 형성된 이유를 발견하게 된다. 예를 들어 코로나가 창궐해도 지도자의 부덕에 대한 하느님의 벌이니 굿을 해야 한다고 논의하는 나라는 지구상에 어디에도 없다. 이제 아무도 사람이 신의 도움을 빌려야 옳고 그름을 판단할 수 있다고 생각하지 않는다. 몇 백 년 전만 해도 상상도 할 수 없었던 이런 사고방식은 어떻게, 왜 생겨났는지를 알고 싶다면 오래 전 철학자의 목소리에 귀 기울여야 한다. 마치 시조새의 비교적 단순한 화석을 보고 몇 배로 복잡한 오늘날의 다양한 새들이 어떻게 진화했는지 직관적으로 깨닫듯, 스피노자의 철학은 현대적 사고의 기점이 어디에 출발했는지 깨닫게 한다.

매튜 스튜어트가 지은 책 『스피노자는 왜 라이프니츠를 몰래 만났나』는 현대적 관점에서 스피노자의 철학과 삶을 다룬다. '나'의 자유란 도대체 무엇인가를 생각할 수 있게 돕는 책이다.

원제는 『궁정관료와 이단자: 현대 세계에서의 신의 운명the Courtier and the Heretic: Leibniz, Spinoza and the Fate of God in the Modern World』이다. 한국어 제목에 더해진 '몰래'라는 단어는 아주 중요하다. 스피노자가 살았던 시대에 철학은 죽음을 무릅쓰고 해야 하는 위험한 활동이었다. 독재 치하에서 말 한마디 잘못했다가 목숨을 잃는 것처럼. 그토록 서슬이 퍼렇던 시절 유망한 젊은 천재이자 야심 있는 관료였던 라이프니츠가 위험을 무릅쓰고 스피노자를 찾아갔던 기록이 남아 있다.

두 사람의 만남에서 무슨 이야기가 오갔는지는 알려진 바가 없기에 많은 학자들의 상상력을 자극했다. 그도 그럴 것이 스피노자나 라이프니츠나 종교개혁의 시대에 천재로 태어나 신의 절대 권위가 사라지고 과학과 이성이 지배하는 현대 사회를 여는 철학을 했다. 하지만 그들은 아주 극명하게 반대되는 현대의 두 가지 흐름의 기원이 됐다.

스피노자는 네덜란드에 정착한 유태계 상인 집안에서 태어났다. 어려서부터 천재로 인정받으면서 유태교 종교 지도자인 랍비가 될 것으로 기대를 모았다. 하지만 집안이 기울면서 스피노자는 무역 상인으로 일하기 시작했고 점점 유태교 외부의 다양한 사람들과 교류했다. 당시 네덜란드는 세계 무역 경제의 중심지였을 뿐 아니라, 자유로운 사상이 허용되는 최고의 국제 도시였다. 그러나 유태교 사회는 이런 변화를 저지하고자 필사적이었다. 자기 생각을 말하기 시작한 스피노자는 책 한 권을 출판하기도 전에 유태교로부터 출교를 당한다. 이 조치는 사회적 존재에게 내리는 사망선고와 같았다. 출교를 당하면 가족, 친구와도 말 한마디 섞을 수 없었다. 그와 이야기를 나눈 사람마저도 마찬가지로 출교를 당하게 되니까.

네덜란드뿐 아니라 전 유럽에서 박해의 대상인 유태인 사회에서 쫓겨났으니 그 밖의 사람들과 교류하면 되지 않나 싶지만, 그렇지 않다. 유태인이 아닌 사람들이 보기에 스피노자는 여전히 '유태인'인데, 신을 믿지 않는 '이상한 유태인'일 뿐이다. 그는 이렇게 이중으로 소외당했다. 그래서 생계를 유지하기 위해 작고 초라한 방 한 칸에서 매일 광학용 렌즈를 깎으면서 외롭게 독신으로 살다 40대 초반에 폐병으로 죽는다. 생전에 출판한 단 한 권의 책은 전 유럽에서 이단으로 비난을 받아, 살해 위협을 받기도 했다. 그의 유작 『에티카』는 출판된 지 100년이 지나서야 괴테에 의해 그 진가를 인정받기 시작했다. 이것이 잘 알려진 단순하고 쓰라린 스피노자의 일생이다.

하지만 그의 내면 세계의 풍경도 이처럼 거칠고 황량했을까? 그의 사회적 소외는 그가 어쩔 수 없이 '당한' 일일까?

그의 일생 속에서 벌어진 사건들은 꽤나 단순 명료하다. 그런데 의심스러운 구석이 있다. 그가 출교된 죄목이 이상하다. 출교는 당시 거의 실행된 적이 없는 극단의 조치였다. 그런데 스무 살이 겨우 넘은 그가 한 일이라고는 고작 친구들 두어 명에게 종교나 성경은 신이 직접 만들고 쓴 것이 아니라 인간들이 만들어냈다고 이야기한 것뿐이다. 출판을 한 것도 아니고, 대중에게 선동적인 발언을 한 것도 아니다. 그리고 출교 선고가 내려졌더라도 짧은 기간의 근신 정도로 그치고, 반성의 뜻을 표하면 종결된다. 그런데 그는 단 한 번도 자신의 죄를 뉘우치는 제스처를 취하지 않았고 그의 파문은 평생 이어졌다.

그를 향한 과도한 처사를 보면 어쩐지 유태인 사회 전체가 그를 두려워한 것처럼 느껴진다. 피가 낭자한 종교개혁을 이끈 사상가들과 달리, 그는 정치적이고 과격한 행동을 하지도 않았고 논쟁을 즐기기는커녕 겸손하고 조용했다. 오로지 그 자신으로 존재하려고 했던 게 두려움을 불러일으켰던 게 아닐까? 그가 조용히 신을 부정하는 것이 불러온 공포감은 신이 존재하는지 아닌지, 그 사실보다 더 중요한 의문을 던진다. 바로 '인간이란 과연 무엇인가'라는 것이다. 더 정확하게 말하자면 '신의 노여움, 신의 보상이 없다면 인간은 어떻게 타락하지 않을 수 있는가'라는 두려움이었다. 그때까지 사람들에게 신의 존재를 부정하는 것은 곧 타락이었다. 인간은 스스로 도덕적인 실천과 판단을 할수 없다고 믿었으니까. 그런데 스피노자는 인간의 행위에 개입해 도덕적인 판단을 대신하는 신의 존재를 부정했다. 오로지 인간 내면에서 나오는 힘만으로 살아가야 한다고 했다. 그리고 그는 자신의 삶의 매 순간을 그의 철학으로 만들었다.

그는 어떤 신실한 종교인보다 더 청렴하고 소박한 삶을 살았다. 자신의 노동으로 생계를 해결했고, 사치하지 않았고, 속세의 성공과 명예를 추구하지 않았다. 그가 단지 출교를 당해서 어쩔수 없었기 때문에 이렇게 산 것은 아니었다. 유명 대학의 교수 초빙도 거절했다. 그의 철학 연구 활동을 지원했던 부호가 죽으면서 유언으로 그에게 막대한 재산을 남긴다. 더 이상 렌즈 깎는 일을 하지 않고도 살 수 있을 만큼 큰돈이었다. 그러나 그는 극히 일부만을 받고 나머지를 되돌려보낸다. 그가 물질적 삶을 부정하지는 않았다. 몇 가지 되지 않는 소유물 중에는 은으로 만든 신발 버클처럼 고급스러운 사치품도 있었다. 그는 자유로운 철학과 내면의 자유를 위한 최소한의 물질적 필요를 철저하게 계산하고 유지하는 데 최선을 다했던 것이다.

그럼에도 스피노자는 자기 믿음의 노예로 살지 않았다. 문맹이지만 평범하고 성실하게 살아가는 이웃이 두려움에 떨면서 그에게 "신이 정말 없나요? 신이 없으면 어떻게 살아야 하나요?"

라고 묻자, 그는 친절하고 따뜻하게 대답했다. "있습니다. 지금 처럼 그렇게 신께 기도하며 살면 됩니다."

스피노자는 자신의 천재적 이론을 알아주지 않는 세상을 원망 하지도, 부당하게 핍박하는 사람을 미워하지도 않았을 것 같다. 자신이 시대를 잘못 만났다고 슬퍼하지도 않았을 것 같다. 어쩌 면 그는 자신의 내면의 힘과 이성으로 스스로 선택하며 살아갈 수 있음에 기쁨을 느꼈을지도 모른다. 그는 살아 있는 동안 세상 을 바꾸지 못했고, 렌즈를 깎을 때 날린 유리 가루 때문에 폐 건 강이 악화되어 죽음을 더 빨리 마주해야 했다. 하지만 바로 이런 환경이야말로 스피노자 내면의 자유가 꽃 피우는 토양이 되지 않았을까? 물론 스피노자가 이런 심경을 글로 남기지는 않았다. 하지만 그의 소박하지만 강인한 하루하루의 일상, 그리고 그토 록 평화로운 일상을 가진 한 남자를 두려워했던 당대 사람들의 반응을 보면 쉽게 짐작이 된다.

스피노자가 삶의 매 순간 추구하고 획득했던 자유를 상상하면 그의 철학의 핵심 개념인 '실체'와 '양태'가 쉽게 다가온다. 실체 는 변하지 않는 것이고 양태는 조건에 따라 달라지는 걸 말한다. 시시콜콜 인간사에 간여해서 분노하고 상 주고 벌주는 신이 아 니라, 자연이나 거대 우주처럼 영속하는 하나의 원리로서 신은 실체다. 그리고 인간은 영속하지 않으니 양태다. 인간은 물질과 정신의 조화 가운데에서 신, 혹은 자연을 이해하기 위해 내면의 이성을 써야 한다. 그것이 자유다. 신에 대한 사랑은 가능하지만 신에 복종할 수는 없는 까닭이라고 했다. 신에 대한 사랑은 곧 자연에 대한 탐구였다.

라이프니츠와 스피노자는 똑같은 시대적 의문 앞에 섰다. '인간의 이성이 어떤 의미가 있고, 어떻게 쓰여야 하는가?' 두 사람은 완전히 다른 두 개의 답을 제시했다. 스피노자는 개인의 마음 안에 있는 이성의 힘을 믿었고, 라이프니츠는 인간 전체의 문제를 한꺼번에 해결하는 정치적이고 통합적 조직을 꿈꾸었다. 그 역시 이성의 힘으로 이러한 통치, 정치, 법률 체계를 만들고자 했던 것이다. 그는 실로 다재다능한 천재였다. 철학뿐 아니라 정치, 외교, 법률, 심지어 수학과 과학 분야에서도 대단한 재능을 펼쳤다. 하지만 그의 개인적인 삶은 출세를 향한 지칠 줄 모르는 사다리 타기였다. 신의 지배를 벗어난 인간은 가장 강력한 무기인 이성을 가지고 무엇을 정복해 나가는 것일까? 내면의 자유를 향하는 쪽은 스피노자이고 더 높은 성취를 추구하며 세상 자체를 바꾸고 싶어 하는 쪽은 라이프니츠다. 실제로 현대에도 우리는 이 두 가지 방향 사이에서 방황하고 있지 않나?

물론 현대를 살아가는 우리에게는 이 두 천재들보다 더 폭넓은 자유의 가능성이 있다. 적어도 민주주의 국가인 한국이나 미국에서 남을 해하지 않는 이상, 내 가치관으로 나의 일상을 내 마음대로 살아간다고 해서 제재할 사람은 없다. 하지만 그만큼 우리는 우리에게 주어진 선택의 자유를 망각하기도 쉽다. 그 자유는 그렇게 당연한 게 아닌데도.

스피노자의 철학은 시작일 뿐, 철학만으로는 우리에게 자유를 완전히 선사할 수 없다. 스피노자의 용어를 빌려 말하자면, 양태는 바뀌었을지 모르지만 매 순간 내 마음의 힘으로 나의 자유를 선택하고 쟁취해야 하는 실체는 그때나 지금이나 조금도 바뀌지 않았는지도 모른다.

고전의 무게에
짓눌리지 않는 법

우리가 살고 있는 작은 조립식 주택 옆에는 키가 족히 50미터는 되어 보이는 큰 전나무가 한 그루 있다. 가끔은 지난 수백 년 동안 저 자리에 서서 이 땅에서 일어났던 모든 일을 봐온 이 나무에 경외심을 느끼기도 한다. 하지만 굳이 저 나무에 대해 치열하게 공부하거나 저 나무를 이해해보려 노력하지 않아도 나는 이 땅에서 즐거움을 만끽하고 산다. 나의 즐거움, 내가 나무에 대해 느끼는 감정이 결국 가장 중요하니까.

앞의 글에서 이 세상은 나에게 무심하며, 그 안에서 어떤 삶을 살지는 내게 달려 있다고 말했다. 중요한 건 그 선택의 자유를 잊지 않고 취하는 것이다. 여기서는 '나의 선택'으로서의 책 읽기와 쓰기에 대해 이야기해보려 한다. 특히 우리를 지루하게 하거나 주눅 들게 하는 책을 어떻게 읽어야 하며, 더 나아가 그 안에서 내 삶을 읽고 나만의 배움을 발견할 수 있는지 다룰 것이다. 그러다 보면 무심한 세상을 내 방식대로 살아가는 방법도 조금씩 손에 잡히기 시작한다.

어떤 책이든 꼭 읽어야 할 필요는 없다. 책 한 권으로 인생을 바꿀 수는 없다. 내 생각이 그렇다. 읽을 필요가 없는 이유는 이 시대를 살아가고 있는 인간은 이미 읽지 않아도 모든 것을 알고 있기 때문이다. 더 정확하게 말하면, 인간이 이 시대의 지식을 모두 알고 있는 것이 아니라 개개인 자체가 지금까지 축적되어온 지식의 산물이기 때문이라고 해야겠다. 진화의 과정을 거친 우리의 육체만이 그런 결과가 아니라, 우리의 사고방식과 지식도 마찬가지다.

좀 더 쉽게 설명하기 위해서 IQ와 관련된 연구를 소개한다. 인류의 IQ 평균은 선조들보다 점점 높아지고 있을까? 대답은 그렇기도 하고 아니기도 하다. '플린 효과'는 20세기를 지나면서 세대가 거듭될수록 사람들의 IQ가 높아지는 현상으로 전 세계에 걸쳐 나타나고 있다. 그렇다면 수백 년 전, 수천 년 전 인간들은 지능이 엄청나게 낮았다는 걸까? 당연히 그렇지 않다. 도시화와 근대화가 이뤄진 최근 백여 년 동안에만 IQ가 높아진 걸로 추정된다. 그것도 IQ가 측정되는 모든 영역에서 높아진 것이 아니다. 언어와 지식을 측정하는 분야에서는 나아지지 않았고 추상적, 추론적 사고 과정 점수만 높아졌다.

러시아의 심리학자 루리아는 사회 환경의 변화에 따라 사람들의 사고방식이 변하는 것을 연구하려고 중앙아시아의 전통 농경 사회 사람들을 대상으로 이런 질문을 했다. "독일에는 낙타가 없고 B라는 도시는 독일에 있다. B에는 낙타가 있을까?" 그러자 농부는 "모른다. 나는 독일에 가본 적이 없다."라고 대답했다. 전통적 삶을 살아가는 농부들에게 세상은 직접 체험해서 알게 되는 곳이었다. 이런 농부들이 도시로 이주하게 되면 추론력이 상승한다. 그러니까 IQ는 똑똑함과 멍청함을 재는 것이 아니다. 옛날 사람들이 지금 우리보다 더 멍청한 것도 아니다. 다만 우리의 사고방식과 세계를 이해하는 틀 자체가 인간이 만들어온 사회와 문화와 지식 체계의 축적을 반영한다.

이 사실이 고전을 읽을 필요가 없는 이유와 어떤 상관이 있을까? 우리는 읽지 않아도 이미 그런 지식과 사고체계로 만들어졌기 때문이다. 안다는 표현이 약할 정도로, 우리 모두는 뼛속까지 그런 지식과 사고로 만들어진 존재다. 수백, 수천 년 전 책들이 고전인 이유는 현재를 살아가고 있는 우리가 그 생각들을 택했기 때문이다. 그 생각들을 택하는 것은 그 분야의 학자나 천재들이 아니다. DNA의 진화는 돌연변이가 생기고 그 돌연변이가 환경에 더 잘 적응하면서 후손을 남기는 방식으로 이뤄진다. 결국 돌연변이 유전자가 후손의 선택을 받았다는 뜻이다. 마찬가지로 어떤 시대를 선도하는 천재가 나타나고 그 생각이 고전이 되는 이유는 후손인 우리의 선택을 받았기 때문이다. 선택은 직접 읽어서 의식적으로 이뤄지는 것은 아니다. IQ 검사의 변화에서 보듯이 인류 전체 단위로, 집단으로 이뤄진다.

스피노자는 1600년대에 종교는 인간의 발명일 뿐이라는 주장을 펼쳐 지옥에서 온 이단으로 취급받았다. 프로이트는 1800년대 후반에 인간에게는 무의식이 있고, 어린 시절의 기억을 억압할 수 있다는 파격적인 주장을 했다. 아인슈타인은 시간과 공간이 절대적 무엇이 아니라 변할 수 있는 상대적인 것이라고 했다. 이런 학자들의 책들을 읽고 공부하지 않으면 우리는 아는 게 없는 걸까? 그렇지 않다. 근대화가 필연이거나 당위가 아니듯, 이런 지식과 사고들은 불변의 진리가 아니라 현대를 살고 있는 서너 살 이상 모든 인간들이 이해하는 세계의 모습일 뿐이다. 우리 모두는 이들의 저서를 단 한 글자도 읽지 않아도 우리의 사고가 이미 그들의 생각으로 이루어져 있다. 그러니 꼭 읽어야만 아는 게 아니다. 우리가 제작 과정은 잘 몰라도 스마트폰을 유능하게 쓰는 것처럼.

『읽지 않은 책에 대해 말하는 법』의 저자 피에르 바야르가 주장하는 바도 비슷한 맥락일 것이다. 책을 읽지 않아도 우리는 대화에 동참할 수 있다. 이미 그 책이 존재하는 이 시대의 한 귀퉁이를 당당하게 살아가고 있다는 것만으로도 말이다.

그래서 책을 읽을 때는 인류의 현재와 미래의 선택을 하는 당당한 심판관으로서 나의 판단대로 생각하고 해석하면 된다. 그러니 고전이든 양자 역학책이든 로맨스 소설이든 어떤 계기건 읽거나, 혹은 안 읽고 생각만 하더라도, 내가 인류의 미래를 결정하는 것처럼 진지하고 떳떳해도 된다. 스피노자의 『에티카』를 읽지 않았어도 나는 스피노자에 대해서 전문 학자와 같은 진지함으로 생각하고 글을 쓴다.

하지만 내 마음대로 읽는다는 건 제멋대로 읽는 것과는 다르다. 이미 앞에서 말했던 것처럼 나의 몸이 나의 것이지만 인류 역사 전체가 축적된 흔적인 것처럼 생각도 그렇다. 그래서 내 생각을 탐험하는 것은 그렇게 단순한 일이 아니다. 나의 생각이 고립된 단독의 소유가 아니니까. 전문가나 고전의 무게에 짓눌리지 않고 내 생각을 자유롭게 놓아주는 것은 아무 생각이나 하는 것이 아니라, 내 안에 이미 있는 인류 전체가 고민하고 공유하는 생각에 의식적으로 동참하는 일이다.

내 생각과 내 해석에 대해 정직하게 당당한 것은 인류 전체 공동의 소유를 인정하는 겸손함과 같은 것이라는 최초의 깨달음은 영문학을 공부했던 학부 시절 들었던 한 수업에서였다.

냉담하기로 유명한 교수의 수업 시간이었다. 학생들과 어떤 인간적인 교류도 하지 않고 로봇처럼 강의하면서 점수는 극단적으로 짜게 줬다. 점수에 대해 항의했다가는 박살 난다는 소문이 자자했다. 어떤 식으로 박살이 나는지는 알 수가 없었다. 대대로 전해져온 소문이었으니, 실제 박살이 난 선배가 있었대도 옛적에 졸업을 했을 테니까.

중간고사를 대신하는 에세이를 나눠 주는 날이었다. 교수는 과에서 평소에도 성적이 우수한 친구 하나를 지목해 교단 앞에 세워놓고 자기는 맨 앞줄 책상에 앉았다. 그리고 친구가 낸 중간고사 에세이를 한 줄씩 큰 소리로 읽으면서 질문을 던지기 시작했다. 한 시간도 넘게 질문을 했는데, 친구는 어떤 대답도 하지 못했다. 교실은 쥐 죽은 듯이 조용했고, 친구는 얼굴이 하얗게 돼서 눈물을 간신히 참고 있었다. 이 수업이 끝나고 이 질문 공세를 지켜본 학생들 여럿도 울음을 삼켰다.

교수의 공격 대상이 된 부분은 인용이었다. 영문과 에세이들은 학자들을 자주 인용했다. 질문의 요지는 '가져다 인용한 학자들이 주장한 맥락을 이해하고 있느냐'는 것이었다. 큰소리 한 번, 거친 말 하나 없이 질문으로 이어진 지적들이었지만 수업에 참가한 모든 아이들은 같은 이유로 얼어붙어 버렸다. 우리는 지독하게 게을렀다. 내 생각을 하기보다는 채워야 하는 에세이 분량에 맞춰 유명 학자들의 주장들을 적당히 꿰어 맞추고, 표절이 되지 않도록 적절하게 인용 표시를 하면 그만이었다. 우리는 그게 게으르다고도 생각하지 않았다. 실제로 그렇게 에세이를 쓰는 데 꽤 많은 시간과 노력이 들었다. 하지만 교수는 교단 앞에서 친구가 '그건 생각해보지 못했습니다'라고 하면 "생각조차 하지 않다니 너무 게으르다고 생각하지 않습니까? 생각을 하지 않고 쓴 글인가요? 그대의 생각은 뭡니까?"라고 얼음 같은 존댓말로 대꾸했다.

교수는 말했다. "자기 생각을 담는 글이 겨우 A4 10장 정도라면 인용은 하나나 두 개만 담아도 넘칩니다. 글의 주인공은 본인의 생각이고, 아무리 유명한 천재의 인용도 조연이 되어야 하는 겁니다. 자기의 글에서 자기의 생각이 가장 빛나야 합니다. 그게 세상을 위하는 길입니다. 천재의 글을 사소하게 만들 만큼 당당하게 학생의 생각을 쓰세요. 무지가 창피한 게 아니라, 생각하지 않는 게으름이 창피한 겁니다."

이때부터 나는 고전이나 좋은 책을 많이 읽어야 한다는 마음의 부담을 벗었다. 읽는 건 심심할 때 읽는다. 대신 정직하게 내 느낌을 받아들이고, 그 생각과 경험을 글로 쓰는 것이 읽는 것보다 먼저라고 정했다. 그때는 몰랐지만, 이런 글쓰기와 읽기에 대한 태도는 삶을 선택하는 태도에 영향을 미친다. 이 세상을 살아가면서 우리가 꼭 알아야 할 지식이나 책, 혹은 도덕은 없다. 오히려 선별하고 선택해야 할 책임은 개인에게 있다. 그 선택은 나만의 고유함에서 나오고, 따라서 거기에 정직하고 당당해야 하지만, 그 자유는 온전히 내 안에서 머무는 것은 아니다. 인류 전체, 다음 세대와도 공유하게 된다. 이 글은 책 읽기와 글쓰기를 중심으로 이야기했지만, 모든 나의 표현 행위에 해당된다. 고전이라는 이름이 나의 읽기와 쓰기를 제한할 수 없듯이, 말 한마디, 일상의 행동 하나도 나의 생각과 나의 선택의 표현이다. 이렇게 표현된 것은 글이든 그림이든 음식이든 세상 전체를 바꾸는 의미가 된다. 우리가 그런 과정을 통해 존재했던 것처럼.

마당의
피아노

오늘 피아노를 처분했다.

유치원 시절 처음 피아노 레슨을 받았다. 1980년대 서울 주택가에는 피아노 레슨의 광풍이 몰아닥쳤다. 내 아이가 뒤처져서는 안 된다는 열망은 경제개발을 향해 불타오르던 대한민국 사회의 욕망과 희망의 연장이었다. 아이들을 학원에 넣어놓고 다들 만족스러운 표정으로 덧붙이는 말이 있었다. '커서도 악기 하나쯤은 연주하면서 즐기는 삶을 내 아이에게 주고 싶다.' 한국이 부자가 될 것 같다는 희망에 부풀었던 시절, 부자다운 교양이 그렇게 표현되었다.

문제는 나에게 아무런 음악적 소양도 재능도 없었다는 것. 가사에 매혹되거나 음악과 관련한 스토리에 감동받은 게 아니라면 한평생 음악을 감상해본 적이 없다. 나에게 배경음악은 소음이나 마찬가지다. 하지만 당시는 아이의 개성과 소질이 다를 수 있고 여기에 맞춰야 한다는 생각이 희박할 때였다. 뭐든지 하면 되어야 하고, 되게 만드는 시절이었으니까. 강제로 피아노 학원에 가고, 체르니 100, 30, 40으로 이어지는 다른 아이와의 진도 경쟁 속에서 매일 한두 시간씩 연습해야 했다. 베토벤의 아버지는 모차르트 이야기를 듣고 와서 베토벤에게 매질을 하면서 연주 연습을 시켰다고 한다. 그런데 베토벤도 아닌 내가 그 꼴을 당했다. 삶에 대한 나의 첫인상은 이렇게 결정됐다. '사는 건 정말 괴롭고 귀찮은 일이다.'

시대적 열정에 사로잡힌 엄마가 두들겨 패면서 죽어라 시켰더니 나는 정말 뭐라도 되는 수준에 이르렀다. 물론 음악적 재능이 발현하지는 않았다. 대신 선생님의 눈치를 파악해서 거기에 맞춰 연습하게 되었다. 똑같은 악보라도 선생님에 따라 선호하는 연주 방법과 강조점이 따로 있다는 것을 알게 됐고, 거기에 맞추기만 하면 선생님이 엄마한테 "이 애는 피아노에 재능이 있어요. 열심히 연습을 해요"라고 칭찬을 했다. 나에게 물려줄 음악 유전자가 없었던 엄마는 그 말을 곧이 믿었다.

부모의 교육 방침과 태도는 시대적 산물이다. 그런데 막상 개인은 그 사실을 인식하기가 쉽지 않다. 아이에게 바라는 어떤 교육 목적이 절대적으로 옳다고 느끼게 된다. 심리학에서는 이를 '역사의 종말 환상End of History Illusion'이라고 한다. 우리가 지나온 과거를 볼 때는 모든 것이 극과 극으로 변해왔다는 것이 명백하다. 그런데 막상 우리는 우리 자신과 이 시대가 마치 영원할 것처럼 행동한다. 엄마가 아이 일생의 승패가 악기를 다루는 교양인이 되는 것에 달려 있다는 당시의 사고방식을 철저히 믿었던 것처럼.

그런 착각에 빠졌다고 진짜로 역사의 변화가 오지 않거나 끝나는 것은 아니다. 아이는 결국 자기가 타고난 대로 기상천외한 살길을 찾는다.

중학교에 들어가서는 예체능을 끊고 오로지 공부만 해야 한다는 또 다른 시대적 유행을 따라 드디어 피아노에서 해방되었고 그 이후로 건반 한번 누르지 않았다. 그러다가 대학교를 졸업하고 미국에 유학을 갔다. 거기서 내 인생의 가장 밑바닥을 경험했다. 한국에 돌아와 취직할 때까지 2년 넘게 엉망진창 뒤죽박죽으로 살았다. 원인은 뻔했다. 그때까지 학교 성적을 위해 공부하는 것 말고는 아무것도 해본 게 없었다. 심지어 혼자 마트에 가서 캔디 하나 사는 일조차 낯설었다. 전부 다 엄마가 해줬으니까. 그러던 어느 날 우연히 강의실을 지나다가 피아노가 열려 있는 것을 봤다. 세상에나, 건반에 손가락을 올려놓자마자 베토벤의 비창 소나타 3악장이 울려 퍼졌다. 악보를 떠올리려고 해도 조금도 기억나지 않고 손 역시 어떻게 움직여야 할지 모르겠는데 손가락은 제멋대로 건반 위를 달러니갔다.

이때부터 난 내가 나 자신을 안다는 생각을 버렸다. 나의 장단점, 두려움, 자신감… 이 모든 건 나의 생각일 뿐이었다. 나는 내가 여전히 피아노를 칠 수 있다는 것도, 뇌리 어딘가에 그 곡조들이 남아 있다는 것도 몰랐다. 다른 어떤 일을 할 수 있고 없는지도 모를 터였다. 사실도 아닌 관념으로 날 괴롭히지 않기로 했다. 이후 유학 생활이 나아진 건 아니다. 내가 알든 모르든 나 자신은 그대로일 테니까. 하지만 내가 나를 다 알지 못한다는 것을 '아는 것'. 그건 정말이지 기적과 같은 순간이었다. 기적은 기적인데 하나도 놀랍지도 근사하지도 않은.

그러자 피아노를 좋아하게 됐다. 음악을 좋아해서가 아니라, 피아노를 치고 있으면 항상 드는 신기한 마음 때문이다. 음악적인 어떤 즐거움이나 인식도 없이, 정확한 연주를 재현해내다니. 심지어 나는 지독한 음치다. 피아노를 치면서도 음악적인 무엇을 즐기는 게 아닌 건 분명하다. 내가 치는 걸 귀 기울여 듣지도 않는다. 하지만 그 순간, 마음이 텅 빈다. 수도 없이 쳐본 거라서 손가락이 기계적으로 움직이지만, 그렇다고 딴생각을 할 수는 없으니까.

큰아이가 피아노를 배우기 시작하자마자 덜컥 업라이트 피아노를 샀다. 처음에는 피아노를 살 계획은 아니었다. 피아노 가게에 구경만 하려고 갔는데 그때가 2009년 무렵, 글로벌 경제 위기를 지나면서 파산한 가와이 피아노사의 악기들이 뱅크오브아메리카 담보물로 설정되어 있었다. 원래대로라면 600만 원인 피아노가 350만 원이었다.

이후 큰애는 2, 3년 레슨만 받고 연습은 하지 않아서 레슨도 그만뒀다. 그래도 우리는 피아노를 끌고 시골까지 이사를 왔다. 이삿짐을 늘리기 싫어서 소파도 식탁도 없이 살면서 어떻게든 피아노만큼은 끌고 왔다. 집에 넣지도 못해 한동안은 마당에서 나 혼자 피아노를 치곤 했다. 그 이후로도 꽤 오랜 시간 피아노를 즐겨 쳤다. 당시 나는 처음 미국에 유학 왔을 때처럼 대체 어떻게 나아가야 할지, 어쩌다 여기에 오게 되었는지 모르는 혼란스러운 상태에 놓여 있었다. 그럴 때 피아노를 치면 그런 모호함이 좀 더 견딜 만해졌다. 어떤 곡을 꾸준히 연습한 것도 아니고, 아직 본가에 남아 있던 악보를 가져와 아무 곳이나 펼쳐서 쳤다. 베토벤의 비창, 월광소나타, 슈베르트나 쇼팽도 책이 있었다. 어려우면 한 손만으로도 쳤다. 악상 기호나 박자도 다 무시하고 쳤다. 어려서 배울 때 피아니시모에서는 작은 소리로 한 음도 빠지지 않고 정확하게 연주하는 게 그렇게 어려웠는데, 이제는 쾅쾅 때려가면서 신나게 쳤다. 이러다 보니 전문 연주자의 연주가 궁금해서 유튜브를 찾아보곤 하는데, 그때마다 내 연주의 황당함에 웃음이 터진다.

그런데 어느 순간 더 이상 피아노를 칠 필요가 없게 됐다는 생각이 들기 시작했다. 나 자신이 어떤 사람인지 그렇게 열심히 알아내야 할 만큼 나는 중요한 사람이 아니라는 것을 깨닫기 시작했다. 나는 나를 모른다는 깨달음보다 더 과격해진 셈이다. 시골에서 정해진 직업 없이 사는 하루하루의 일상은 지루하고 아무 일도 없으면서 비현실적이다. 아무 일도 안 해도, 고된 노동을 해도, 하루는 어쨌든 지나간다. 5년 넘게 그런 하루하루를 지났더니, 내가 나를 알든 모르든 나 자신이 내게 그렇게 중요하게 느껴지지 않았다. 물론 그날마다 내가 먹는 음식 하나, 가족과 나누는 말 한마디, 지출하는 돈 한 푼에 엄청난 집중을 한다. 하지만 이런 일들은 사실 크게 의식하지 않고 살아도 살아진다. 그렇다고 도시에 살면서 중요하게 생각했던 것들이 다시금 소중하게 느껴지지도 않았다.

그래서 앞으로는 도시에서도 살아보고, 시골에서도 살아봐야겠다고 생각하기 시작했다. 드디어 피아노와 이별할 수 있을 것 같았다. 내가 나를 모른다는 걸 알려줬던 피아노. 이제는 그 사실도 중요하지 않았다. 그래도 깔끔하게 없애려는 마음이 쉽게 나지 않았다.

내 물건을 버리는 일은 어쨌든 슬픈 일이다. 그건 나의 역사, 나의 일부를 버리는 일이니까. 사는 건 슬픈 일이라는 것을 받아들이지 않는 이상 미니멀리즘을 시도할 순 없다. 물건이 넘쳐나는 시절을 살아온 만큼 나의 역사는 수많은 물건들에 나뉘어 보관되어 있다. 슬퍼지는 걸 즐겨야 버릴 수 있다. 아마도 나는 평생 피아노를 떠올릴 때마다 아련함에 빠질 것이다. 그렇게 치기 싫어도 엄마가 무서워서 억지로 칠 만큼 연약했던 나, 창피하고 바보같은 나날을 보내면서도 울면서 지냈던 이십대 초반의 나, 독립한 성인이 되어가는 기쁨을 느꼈던 나… 그 순간들에 피아노가 있었다.

피아노를 매입하는 가게에 알아봤더니 자그마치 2,000달러 (약 240만 원)를 주겠다고 했다. 그 순간 나는 묵은 감성을 털어냈다. 공돈이 생긴 것처럼 신이 났다. 곧 흰 트럭이 나타나 업라이트 피아노를 싣고 사라지려는 것 같더니, 바퀴가 흙구덩이에 빠져버렸다. 결국 견인차가 와서 밧줄로 트럭을 구덩이에서 끌어

내고야 피아노는 우리 집을 떠날 수 있었다. 피아노는 이야기를
하나 더 남기고 12년 만에 내 곁을 떠났다.

5장

투명해질 때만 보이는 것들

A Capitalist in the Woods

시간을 멈추는
유일한 방법

하루는 둘째가 책을 읽고 와서 말했다.

"여기 나온 애, 엄마랑 똑같아."

"뭐가 똑같아?"

"듣는 재주가 있어. 정답도 안 가르쳐주고, 아무것도 안 해줘. 그냥 듣기만 하는데, 문제가 저절로 해결되는 거야. 마술은 아니고, 말하는 사람이 혼자서 떠들다가 갑자기 해결 방법이 생각나는 거지."

큰애도 달려와서 책을 뒤적거리더니 맞장구를 쳤다.

"아무 데나 펼쳤는데, 진짜 딱 엄마다. 두 사람이 싸우는데, 말리지도 않고, 누가 잘못했는지 판단해주지도 않고, 어떻게 싸우나 가만히 보고 있는 거. 똑같아. 우리 둘이 싸워도 끝까지 싸우라고 내버려두잖아. 엄마는 진짜 그래. 나는 엄청 심각하고 힘든 일에 대해서 이야기하는데, '그래 심각하구나' 하고 동조하는 것도 아니고, '별거 아니야' 하며 위로하는 것도 아니고, 결국엔 '너 하고 싶은 대로 해' 그럴 거라는 걸 뻔히 아는데, 이야기하다 보면 생각이 정리된다니까."

무슨 책인지 궁금해서 보니 미하엘 엔데의 『모모』였다. 고아 소녀 모모는 듣는 사람이다. 예를 들면, 자기는 언제 사라져도 쉽게 대체될 수 있는 인간일 뿐이란 생각에 절망감에 빠진 사람도 모모에게 이야기하다 보면 어느새 그럴 리 없다고 믿게 된다. 자신이 유일하고 가치 있는 존재라고 느끼게 된다. 그런데 모모는 위로나 해결책을 준 것도 아니고, 아주 열심히 이야기를 들어준 것뿐이다.

이렇게 아이들이 칭찬을 해주면 나는 일단 사실이라고 굳게 믿는다. 나는 듣는 재주가 있는 사람이다!

책에는 자기 이야기를 하지 않고 열심히 들어준다는 것 이외에 모모가 어떻게 듣는지는 구체적으로 나오지 않는다. 그리고 모모는 질문조차 하지 않지만 나는 질문도 많이 한다. 내가 어떻게 듣는 걸까 생각해보니 조금 찔린다. 왜냐하면 아이들 이야기를 듣기 시작할 때 '귀찮다'고 생각하니까. 아무리 생각해봐도 엄청 재미있는 이야기를 들려주려나 보다 하고 기쁜 마음으로 아이의 이야기를 듣기 시작한 적은 별로 없다. '아, 또 시작한다' 하며 자포자기해서 끌려가는 마음이다.

그런데 어떻게 우리 아이들은 엄마가 자신의 이야기를 귀담아 듣는다는 확신을 갖게 된 걸까? 그 해답을 『모모』에서 찾았다. 이 책에는 시간 도둑이라는 악당들이 등장한다. 시간 도둑들이 사람들에게 "시간을 아껴서 나중에 쓰세요"라고 속여서, 사람들은 시간을 낭비하는 일은 절대 하지 않게 된다. 시간을 낭비하는 일이란 돈이 되지 않는 일, 즉 가족들과 시간을 보내고, 오로지 자신의 기쁨을 위한 취미를 즐기고, 친구들과 수다를 떨고, 어려운 이웃을 돌보고, 멍하게 휴식을 취하는 일이다. 시간 도둑에게 당한 사람들은 더 열심히 돈을 벌고, 좋은 물건을 풍족히 갖게 되면서, 점점 더 시간을 낭비하는 일들을 죄악시하고 그 결과 삶은 피폐해진다. 하지만 정작 본인은 자신의 삶이 망가져간다고 생각하지 않는다. 과거에 느긋하게 시간을 즐겼던 것을 후회하고, 이런 시간 아끼기에 동참하지 않는 사람들을 비난한다.

그렇다. 듣는다는 것은 어떤 깊은 지혜나 말재주, 따뜻한 마음 혹은 그저 침묵하는 것에 그치지 않는다. 듣는다는 것은 시간과 관련이 있다. 책에서 모모는 집도 가족도 없는 아이지만, "넘치게 풍성하게 가진 것은 시간이었다." 그리고 "시간은 삶"이다. 우리가 타인의 이야기를 진짜로 듣기 위해서는 나의 시간을 멈춰야 한다. 내가 하고 있는 일의 시간, 내가 살아왔던 과거의 삶에 이어져 있는 시간에서 벗어나는 것이다. 상대방의 말을 듣기 위해서 마치 영원의 시간을 함께하는 것처럼 나의 조급한 시간표를 온전히 잊을 때 비로소 타인의 세계로 들어갈 수 있다.

『모모』에서 이야기꾼 기기가 공주가 나오는 동화 하나를 들려준다. 공주는 세상의 아름다운 모든 것과 영원의 시간을 가졌다. 대신 혼자다. 하지만 사랑하는 왕자를 만나려면 바로 영생을 포기해야 한다. 결국 공주는 사랑을 완성하기 위해 한정된 시간 속에 살기를 선택한다. 이 이야기는 사랑이 어떻게 시간과 연결되는지 말한다. 우리에게 시간이 영원하지 않은데도 마치 영원한 것처럼 멈추는 행위가 바로 사랑이다. 위에서 말한 자신이 무가치한 인생을 살았다고 절망하는 사람이 모모에게 이야기하다 자신의 가치를 깨닫는 이야기도 역시 사랑에 관한 것이다. 자신의 한정된 시간을 아낌없이 주는 사람이 단 한 명일지라도, 자신의 특별한 가치를 느끼기에 충분한 것이다. 듣는 것은 어떤 기술이 아니라 사랑이다.

그런데 나는 아이들 이야기를 들어줄 때, 왜 '귀찮다'고 느끼는 걸까? 당연한 이야기인지도 모른다. 사랑은 상당히 귀찮은 일이다. 세계적 심리학자 미하이 칙센트미하이는 책 『몰입』에서 인간이 행복감을 느끼는 최적의 상태를 묘사한다. 그것은 나 자신이 누구인지, 어디에서 무엇을 하고 있는지를 의식하지 못할 정도로 하고 있는 일에 몰입해서 시간의 흐름을 잊는 상태다. '시간의 흐름을 잊는' 것이 핵심이다. 사실 이 순간에는 자신이 행복한지 불행한지도 판단하지 않는다. 내가 하고 있는 일의 의미를 따지지도 않는다. 행복은 이 순간을 돌아볼 때 깨닫는 것이다. 모모의 듣는 행위와 일치한다. 나의 한정된 시간, 나의 생각, 의미를 완전히 잊고 상대에게 몰입하는 것이다.

행복을 주는 몰입을 시작하는 건 누구에게나 대단히 귀찮은 일이다. 웹서핑을 하거나 술을 마시거나 게임을 하다 보면 시간의 흐름을 잊기도 하지만, 그런 시간 동안에는 깊은 행복감을 느끼지 않는다. 그런데 운동을 하고, 그림을 그리고, 책을 읽고, 글을 쓰는 일들은 사실 몰입 상태로 돌입하기까지 초기의 난관을 넘어야 한다. 편안한 소파에서 몸을 일으켜 운동복으로 갈아입고 집을 나서야 하고, 책에 집중하기 위해서는 책을 펼쳐 들고 지루한 부분들을 견뎌야 한다. 클릭하자마자 빠져드는 유튜브와는 다르게 모든 과정이 너무도 번거롭다. 모모처럼 사랑의 행위로서, 나의 시간을 온전히 멈추고, 영원의 시간에 입장하는 것은 여러모로 귀찮은 일이다. 해야 하는 일, 즉 데드라인이 있어서 시간을 염두에 두며 해치워야 하는 일도 잊어야 하니까. 저녁 식사 때가 다가오는 시간이라면 저녁을 준비할 계획을 잊어야 하고, 공과금을 처리하고 있었다면 그 납입 기한을 잊어야 하고, 한창 즐겁게 보고 있던 유튜브의 내용도 잊어버려야 한다.

그런데 이 귀찮은 일을 왜 해야 하는 걸까? 지속되는 깊은 행복으로 가는 아마도 유일한 길이기 때문이다. 이런 행복을 왜 꼭 느껴야만 하는 걸까? 다시 책『모모』의 이야기로 돌아가보자. 사람들에게 시간을 되찾아주는 호라 박사가 나온다. 삶을 사는 일은 곧 죽음으로 향하는 것이다. 그는 사람들이 죽음이 무엇인지 모르기 때문에 두려워한다고 말한다. 사람들이 시간을 아껴서 돈과 물건을 사는 것은 바로 죽음을 두려워하기 때문이다. 시간을 아끼면 죽음의 시간을 맞이하지 않을 수 있다고, 적어도 멀리할 수 있다고 믿는 것이다. 그럴수록 우리는 죽음을 더욱 이해할 수 없게 된다. 하지만 호라 박사는 죽음을 삶에서 동떨어진 끝에 오는 무엇이 아니라고 말한다. 그렇다. 삶도 죽음도 시간 안에 함께 있다.

우리는 몰입이라는 사랑이 가져다주는 깊은 행복을 느낄 때 비로소 죽음과 삶의 연속성을 체감할 수 있다. 시간 도둑에게 시간을 빼앗긴 사람들은 힘들고 바쁘기도 하지만, 더욱 중요한 것은 그들이 하는 일은 무한히 똑같이 반복된다는 점이다. 하지만 사랑하는 마음으로 몰입해서 하는 일은 결코 똑같은 반복일 수가 없다. 오늘 아이의 이야기를 몰입해서 들어준 순간의 아이도, 나 자신도 사실 영원히 돌아오지 않는다. 더 이상 똑같지 않으니까. 그러니 그 순간은 우리의 사랑의 순간이자 죽음이기도 하다. 인간이 자신의 죽음을 예상하고 두려움을 느끼는 것은 피할 수 없는 운명이다. 하지만 우리는 죽음을 외면하는 대신, 사랑을 통해 죽음을 매번 연습할 수 있다.

아이의 이야기를 진심으로 듣는 일은 언제나 귀찮은 일이지만, 이 순간의 아이도 나도 다시는 똑같을 수 없음을 떠올린다. 그리고 그렇게 듣는 일을 시작한다. 그러면 아이의 세계 속으로 푹 빠지는 일은 쉬운 일이 된다.

인간이
신에 가까워질 때

고등학생 큰딸의 기말고사 주간이었다. 이 녀석은 꿋꿋하게 시험 전날까지도 인형 만들고, 채팅하고, 음악을 틀어놓고 근육 운동을 하고, 달리기하고, 아르바이트도 다니고, 만화책도 본다. 시험공부를 했다면 아마 숨어서 몰래 했을 것이다. 그런데 가장 어려운 수학 시험 전날 절망의 괴성을 마구 질러댔다. 큰일 났다고. 모르는 것투성이라고. 어안이 벙벙해져 있는데, 아이 아빠가 한마디 했다.

"네가 그렇게 징징 짤 권리가 있어? 하고 싶은 거 다 해놓고서."

아이는 가만 안 있고 화를 낸다.

"왜 권리가 없어? 난 있다고 생각해. 공부 안 했으니까 스트레스도 받지 말라는 거야? 말도 안 돼."

"너 그러다가 후회한다."

큰아이의 성격은 아빠와 판박이다. 뭐 하나 포기하고 버리는 게 없고, 뭐든지 다 하고 싶고, 다 잘하고 싶어 한다. 남편은 그런 아이가 신경 쓰이는지 어떻게 좀 바꿔보라고 때때로 나를 닦달한다. 반면에 몰두하는 게 하나 있으면 다른 건 뭐든 다 관심을 꺼버리는 유형인 나는 이렇게 좋아하는 게 많은 아이의 모습이 신기하고, 굳이 바꿔줘야 한다고 생각하지도 않는다.

나는 남편이 '자식이 나 닮은 게 싫다'고 하는 마음이 인간의 근본적인 존재 방식을 말해준다고 생각한다. 인간은 나 자신을 보기보다는 남을 보면서 살아가도록 되어 있다. 그런데 남편은 딸에게서 '나와 닮은 점'을 본 게 아니라, '나'를 봤다.

톨스토이의 유명한 단편 「사람은 무엇으로 사는가」에는 가난한 사람, 탐욕스러운 사람, 불행한 사람이 나온다. 그들은 수시로 어리석은 행동을 하고, 닥쳐오는 운명에 속수무책으로 당하기도 한다. 하지만 이들이 아주 가끔 제대로 된 결정을 내릴 때가 있다. 소설에서는 이를 사랑이라고 하지만, 나는 이것이 단지 선의를 베푸는 것보다 더 큰 의미라고 생각한다. 나 자신에 대한 생각을 놓는 것.

가난한 구두수선공이 있었다. 춥고 배고픈 겨울이 오자 농부들에게 꿔준 돈을 받으러 집을 나서지만, 제대로 돈을 거두지 못했다. 절망에 빠진 그는 그나마 있는 돈을 다 털어서 술을 마셔버린다. 집으로 향하던 그는 벌거벗은 청년을 발견한다. 그냥 두면 얼어 죽을 게 뻔해 보여 집에 데리고 왔더니 아내가 화를 냈다. 돈도 없는데 술 사먹은 것도 모자라 밥이나 축낼 식객을 데려오다니. 하지만 아내도 결국 화를 풀고 몸이 꽁꽁 언 낯선 이에게 얼마 남지 않은 먹을 것을 나눠 준다.

이 청년은 기력을 회복하고 구두 만드는 기술을 배워서 그 솜씨가 널리 소문이 난다. 구두수선공의 살림도 덩달아 피게 된다. 그러던 어느 날 어떤 부자가 와서 1년 동안 신을 수 있는 튼튼한 신발을 만들어 달라고 한다. 하지만 그 부자는 1년은커녕 며칠만에 갑자기 죽고 만다. 그리고 또 어느 날, 엄마가 죽고 고아로 남겨진 쌍둥이 여자아이 둘을 친딸처럼 길러낸 한 아줌마가 아이들을 데리고 가게로 찾아온다.

하나님의 벌을 받아 지상에 내려온 천사였던 청년은 잘 자라고 있는 쌍둥이 자매를 본 후 다시 천사가 된다. 쌍둥이가 태어났을 때 엄마의 영혼을 데려오라는 하나님의 지시를 받았던 천사가 고아가 될 아가들이 가여워 말씀을 어겼던 것이다. 그는 벌로 인간을 이해할 때까지 인간세계에 내던져졌고, 그래서 술 취한 구두수선공의 눈에 띄었다. 천사는 수선공의 곁에서 살아가며 인간은 자신에 대해서는 아무것도 모르면서도 사랑으로 살아간다는 것을 배웠다.

톨스토이는 이 소설에서 사랑의 중요성 말고도 하고 싶은 이야기가 많아 보인다. 부자의 이야기만 봐도 그렇다. 천사는 부자가 곧 죽을 거라는 걸 단박에 알아챘는데, 부자는 자기가 1년이나 신을 구두 생각을 했다. 인간은 그처럼 자기 자신에 대해서 아무것도 모른다. 그게 천사의 깨달음이었다. 인간이 이렇게 한심하다니. 하지만 이 깨달음은 놀라움으로 끝난다. '이렇게 한심해도 잘 살다니, 심지어 고아가 된 갓난아기도 살아가고, 마지막 남은 돈으로 술이나 퍼마실 정도로 대책이 없는데도 잘 살다니!'

구두수선공이나 그 아내가 청년에게 밥을 나눠 준 것도 그저 착한 행동은 아니었다. 타고난 천성에서 우러난 선의라기보다는, 절망에 빠진 인간의 순간적인 망각에 더 가깝다. 착한 행동이 무의미하다는 말이 아니라, 인간의 특성이 그렇다는 말이다. '우리 가족이 먹을 것도 없어, 추운데 입을 외투도 없고, 빌려준 내 돈도 못 받고 있어.' 구두수선공은 이 모든 상황을 잊어버렸다. 추위 속에서 벌거벗은 청년을 본 순간 본능적으로 다른 생각이 그의 뇌리를 차지했다. '아 저기 당장 얼어 죽을 인간이 있네!' 그리고 남을 생각하기 시작하자 잠시 자기 앞가림을 해야 한다는 것을 잊었다.

의도로만 말하자면 천사가 쌍둥이 아기의 엄마를 살려준 것이야말로 선의였지만, 하나님은 이 행동을 벌했다. 인간의 선함은 그 자체로는 그다지 중요하지 않다는 의미로 읽을 수 있다. 타인을 도우려는 '나'의 과감한 행동이나 이타심이 중요한 게 아니다. 한 치 앞도 보지 못하는 인간은 자기 의지로 타인은커녕 나 자신도 온전히 도울 수 없다. 다만 자기 자신에 대한 생각을 하지 않는 것이 중요하다. 인간은 남 생각을 할 때 그나마 덜 어리석다.

남편이 '자식이 나 닮은 게 싫다'고 화를 낼 때, 해주고 싶었던 이야기다. 인간은 원래 자기 자신만을 생각하며 살아가는 존재이지만, 그런 본성을 뛰어넘을 때 인간적 한계 너머에 있는 무언가에 닿을 수 있다고. 내가 큰아이에게 너그러운 건, 천사 같은 마음이나 지혜를 가져서가 아니다. 나와 너무 다르니, 나 자신에 대한 생각을 잊고 보기 때문일 것이다. 나와 닮은 존재라고 해도, 그 안에서 내가 아닌 다른 사람을 볼 때 우리는 조금 더 현명해진다.

나와 다른 아이가 앞으로 어떤 삶을 살지 모른다. 하지만 나와 다르기 때문에 잘 살아갈 거라고 생각한다. 내가 모자라거나 나의 삶이 후회스러워서가 아니라, 나에 대한 모든 생각을 잊는다.

어떤 사람의 인생이 성공인지 실패인지, 후회할 만한 인생인지 아닌지 누구도 대답하지 못한다. 인간은 자기 자신에 대해 아무리 생각해봤자 답이 안 나오는 존재니까. 타인은 그래서 소중하다. 나에게 무언가 해줘서가 아니라, 존재하는 것만으로 나 자신에 대한 생각을 멈출 수 있게 해주니까. 나 자신을 잊고 타인에 대해 생각하는 시간, 그때가 어쩌면 우리가 신에 조금이나마 접근할 수 있는 기회가 아닐까.

우리 옆집에는
태극기 부대가 산다

우리 옆집에는 미국 대통령 선거 유세 기간 동안 대형 트럼프 지지 깃발이 휘날렸다. 이 정도로 적극적인 트럼프 지지자는 한국으로 따지자면 태극기 부대 정도 될 것 같다. 우리 가족 모두가 참 좋아하는 이웃이다. 아이들이 수시로 놀러 가서 아저씨 아줌마랑 수다를 떨다가 그 집 중학생 딸아이와 같이 자고 오기도 한다. 미국에 가족이 없는 우리는 옆집 가족 모임에 끼어 놀기도 한다. 아저씨는 50대의 크레인 운전사, 아줌마는 비슷한 나이로 법률 사무를 본다. 둘 다 이번이 두 번째 결혼으로 7년째 함께 살고 있으며, 이전 결혼에서 낳은 자식들은 모두 20대, 30대다. 두

딸은 아줌마의 조카손녀들로 마약중독자인 조카의 아이들을 거뒀다. 아이들은 엄마는 같지만 아빠는 다르다. 큰딸은 최근 고등학교를 졸업하고 룸메이트를 구해 나가서 살면서 대형 마켓인 타깃에서 일한다.

아저씨는 백인이지만 4분의 1 정도 미국 원주민의 피가 섞였으며 매우 쾌활하고 재미있는 사람이다. 중학교를 중퇴하고 기술을 배워 비행기 회사 보잉에서 경력을 쌓아서 돈은 잘 버는 것 같다. 배가 있어서 바다로 낚시도 나가고 뒷마당에 수영장도 있고 거품이 펑펑 나는 자쿠지도 있고 돈이 많이 드는 집 고치기 공사도 수시로 벌인다. 아저씨는 요즘에도 새벽 3시 반에 출근하고 오후에는 마당에서 온갖 집안일을 한다. 부지런하고 성실하게 산다.

2016년 트럼프가 미국 대통령으로 당선됐을 때 우리 가족이나 미국에 사는 지인들은 도대체 누가 트럼프를 찍었는지 의아해했다. 이후 미국 언론들은 도대체 트럼프를 지지하는 사람들이 어떤 사람들인지 추적을 시작했다. 미국 언론과 중산층 이상의 진보 성향 지배 계층은 자신들의 의견이 여러 의견 가운데에서 가장 옳다고 생각한 것이 아니라, '인간이라면 당연히 이렇게 생각하는 것'이라고 은연중 가정했던 것이다. 트럼프 당선 초기에 이와 관련해서 쏟아진 기사나 출판물을 보면 내용의 질을 떠나서 논조가 황당하다. 마치 화성의 생명체를 탐사하거나 사라진 고대 마야 문명을 추적하는 느낌이다. 그렇게 많은 사람들의 존재 자체를 아예 모르고 있었다니, 웃길 정도로 무능했던 것이다.

나 또한 주변에서 가난한 사람, 부자, 배운 사람, 못 배운 사람, 이 모두를 다양하게 만난다고 생각했지만, 현실은 달랐다. 옆집 별채에는 스물세 살의 아들이 산다. 아내와 아기 하나를 두고 함께 살며 에어컨이나 히터를 고치는 일을 한다. 그런데 생각해보니 우리 집 히터를 고치기 위해 그 아들을 고용하면서도 한 번도 간단한 인사 이상의 이야기를 나누거나 그가 어떤 세상을 사는지 궁금해하지 않았다.

지구온난화를 사기라고 하는 사람을 나는 그전까지 실제로 만나본 적이 없었다. 자연스럽게 그런 사람은 무식하고 고집이 세고 이기적이고 탐욕에 가득한 사람일 거라고 여겼다. '정상적인 인간이라면 지구의 수많은 다른 생명체를 존중하자는 생각에 어떻게 반대할 수 있지?' 그런데 친절한 옆집 아저씨가 바로 그런 사람이었다. 트럼프가 당선되고, 기후변화를 사기극이라고 생각하는 사람들이 얼마나 많은지 알게 되면서 내 생각도 바꾸어야 했다. 나는 여전히 기후변화가 인간이 환경을 파괴해 벌어진 심각한 문제라고 생각한다. 예전의 나는 이것이 누구나 인정할 수

밖에 없는 절대 진리라고 생각했다. 세상 사람들을 그 사실을 인정하는 정상인과 거부하는 비정상인 정도로 나눠서 생각했던 것 같다. 지금도 환경에 대한 내 생각은 바뀌지 않았지만 지구온난화를 부정하는 사람들을 모두 '이상한 사람'으로 일축하는 건 불가능해졌다. '그들'은 친절한 이웃이라는 실체로 내 앞에 나타나 버렸다.

경찰들이 흑인을 가혹하게 진압해 벌어진 근래의 흑인 인권 운동 '블랙 라이브즈 매터Black Lives Matter'에 대해서도 옆집 아저씨는 불만이 많다. 자기가 성실히 일해서 내는 세금의 혜택을 받는 건 흑인들인데 오히려 그들이 일반 시민을 괴롭히면서 시위를 한다고 분노했다. 그때 흑인 노예의 역사에 대해 논할 수도 있겠지만, 아마 그들도 그런 이야기를 못 들어본 건 아닐 터였다. 만일 '계몽'으로 받아들여진다면 대화의 창구 자체가 닫힐지도 몰랐다.

이웃이 트럼프 지지자라는 사실을 먼저 알았다면 친해지진 못했을 것 같다. 그들의 따뜻한 마음, 유쾌한 성격, 온갖 일을 직접 경험하며 얻은 지혜와 기술을 무척 좋아하게 된 후에 트럼프 깃발을 보고 환경이나 인종에 대한 견해를 짐작하게 됐다. 며칠간 놀란 마음을 가라앉히고 나니 그다음부터 호기심이 생겼다. 먼저 그 사람이 백인 저소득층으로서 어떤 삶을 살아왔는지 궁금해졌다. 나와 이토록 다른 이웃이라는 사람을 있는 그대로 이해해보고 싶어졌다.

J.D. 밴스의 『힐빌리의 노래』는 트럼프 지지자들인 백인 저소득층 공장노동자들이 밀집한 동네에서 자란 아이가 그곳을 탈출해 예일대학 법대를 졸업하고 지식인 중산층에 합류한 실제 이야기를 다룬 책이다. 저자에게 중산층의 삶은 낯설고 당혹스러웠다. 단적인 예가 크리스마스였다. 저자는 중산층 가정 출신인 여자친구네 집에서 함께 크리스마스를 보내게 됐다. 그는 엄청난 충격을 받는다. 자기가 자란 마을에서는 매년 크리스마스가 되면 사람들은 내일이 없는 사람들처럼 빚을 내서 쓸모를 가리지도 않고 흥청망청 물건들을 사들이고 떠들썩하게 술을 마시고 먹고, 새해가 되면 쓰레기와 빚에 허덕였다. 그것이 사는 맛이었다. 그런데 여자친구의 집에서는 서로 필요로 했던 작은 선물을 교환하고 소박하지만 정성을 들인 음식을 함께 먹으면서 조용히 이야기를 나눴다.

우리 가족들은 할로윈 의상도 반드시 중고 가게에서 구입한 옷을 잘라서 만든다. 공장에서 생산된 새로운 제품을 사는 건 지구에도, 아이들의 창의성 개발에도 좋지 않다고 생각하기 때문이다. 중국제 플라스틱 장난감들도 같은 이유로 사지 않는다. 하지만 옆집은 손자손녀들을 위해 할로윈 장난감, 의상이며 장식용 소품 등을 수십 만 원어치 산다. 그리고 우리 아이들도 초대해서 선물을 잔뜩 안겨준다. 크리스마스나 독립기념일에도 아무것도 사지 않는 우리를 보고, 아저씨는 "미국인처럼 살아도 괜찮아"라며 안쓰러워하기도 했다. 아저씨의 이야기가 비난처럼 들리지는 않았다. 그는 삶을 즐길 줄 모르는 우리를 진심으로 안다깝게 여겼다. 지구의 위기에 대해 논하기 좋은 때는 아닌 것 같았다. 옆집 가족들의 파티에 참석한 날에는 우리도 흥청망청 즐겁다.

물론 나는 여전히 나에게 당연하고 편안한 방식대로 세상을 살아간다. 하지만 이웃집 친구를 좋은 사람으로 받아들이면서, 내가 속한 세계가 유일하다는 확신이 느슨해졌다. 좋은 사람, 좋은 삶을 위해 무조건 정해진 단 하나의 정치적 입장, 태도, 지식, 교육, 삶의 방식은 없다는 것을 아는 것만으로도 왠지 기분이 좋아진다.

함께 살아가야 할 대상은 멸종 동식물만이 아닌지도 모른다. 나와 완전히 다른 세계관을 가지고 있는 사람과도 사이좋게 지낼 수 없다면, 다른 무엇을 보호할 수 있을까. 내가 지구환경을 보호하고 싶다면, 그런 일을 하고 싶지 않은 사람을 대신해 내가 조금 더 하면 된다. 그런 사람들을 비난하고 그들의 생각을 바꾸려는 에너지만큼만 더 하면 된다.

그러면 정말 좋아지는 것은 지구환경도 아니고, 나와 생각이 다른 사람들도 아니다. 바로 나 자신이다. 인간은 본능적으로 자신과 다른 사람들을 무서워하고 위협으로 인식하도록 진화해왔다. 그러나 진화의 모든 결과가 현재 우리에게 이익이 되고 타당하지는 않다. 옛날에는 이런 적대감이 우리의 생존에 이익이 되었을 것이다. 하지만 현대 사회에서 더 큰 문제는 생존보다 오히려 불안과 분노다. 이웃은 내가 전에 알던 것처럼 장단점이 모두 있는 평범하게 좋은 사람이었다. 다만 우리는 믿음도, 살아온 삶도 서로 달랐다. 그를 그대로 지켜보며 나는 이 마을이 더 좋아졌다. 내가 지켜야 할 가치가 절대적이라는 믿음이 사라지면, 똑같은 행동을 해도 훨씬 가볍고 즐겁다.

옆집에 트럼프 깃발이 걸린 다음에도 우리는 여전히 즐겁게 대화를 나눈다. 놀란 표정을 애써 감춰야 할 때도 많지만 나는 그들을 틀린 사람이 아니라 내가 살아보지 못하고 경험하지 못한 세상을 살고 있는 사람으로 대한다. 모든 개인은 그 사람의 정치적 주장보다 더 복잡한 존재라는 걸 기억한다. 그러면 세상이 조금 더 풍요롭게 느껴진다.

모든 것은
나를 속이지 않는 데서 시작된다

일상에서 화가 날 때 나는 재빨리 어떤 이미지를 떠올린다. 내 몸이 화라는 목욕탕 뜨거운 물에 들어가 있고 거기서 몸을 일으켜 물 밖으로 나오면 끝이라는 상상이다. 화가 내 안에서 끓고 있는 게 아니니, 내가 아무것도 할 필요도 이유도 없다. 뜨거운 목욕탕에 들어가면 처음에는 온몸의 살갗이 터질듯이 자극적이고, 숨을 꾹 참고 멈추게 된다. 그러다가 어느 정도 몸을 담그고 있으면 나른하게 편안해진다는 것을 알고 있다.

이런 방법이 효과가 있는 이유를 설명할 수 있는 이론이 뇌 가소성plasticity이다. 뇌는 플라스틱처럼 말랑말랑해서 필요할 때 변화시키고 새로 배울 수 있다는 이론이다. 흔히 어린 시절이 지나면 뇌가 굳어서 변할 수 없다고 생각하지만, 뇌과학은 전혀 그렇지 않다고 말한다. 그런데 왜 우리는 그렇게 느낄까? 뇌 가소성을 설명하면서 다음과 같은 비유가 종종 사용된다. 눈 덮인 산 정상에서 스키를 탄다고 생각해보자. 첫 번째 하산을 할 때, 스키 자국이 남을 것이다. 두 번째로 산 정상에 서면, 자국이 있는 경로를 또 선택하게 된다. 이런 반복이 계속되면 자국은 점점 깊어지고 마치 다른 길은 없는 것처럼 느끼지만, 사실은 다르다. 첫 번째 났던 자국이 최고이거나 반드시 그래야 하는 것도 아니고, 한 번도 타지 않은 눈은 여전히 그곳에 그대로 있다.

　뇌 가소성을 다룬 책은 전부 다 재미있지만, 그중 화내기와 관련해서 소개하고 싶은 책이 있다. 『나는 내가 죽었다고 생각했습니다』의 저자 질 볼트 테일러는 뇌과학 박사학위를 받고 하버드 대학에서 연구를 하고, 자신의 전문 분야를 대중적으로 알리며 보람찬 활동을 펼쳐 나갔다. 어느 모로 보나 인생의 정점이었다. 그러던 어느 날 아침 좌뇌 혈관이 터지는 뇌졸중을 겪었다. 그녀의 나이 서른일곱이었다. 책은 뇌 가소성의 학문적 이론과 결론을 깊이 있게 다루지는 않는다. 대신 좌뇌의 회복 과정을 통해 뇌의 가소성을 직접 경험한 과정과, 좌뇌가 기능을 멈추고 우뇌만이 남았을 때 무엇을 느끼고 인식하는지 이야기한다.

좌뇌는 언어, 이성, 계획, 논리를 담당한다. 뇌졸중으로 이 부분이 멈추면 겉에서 보기에는 몸이 큰 갓난아기와 같아진다. 말로 의사소통이 전혀 안 되고, 침을 질질 흘리고, 신발을 신기 전에 양말을 먼저 신어야 한다는 사실조차 모를 정도다. 오랜 시간 쌓아온 전문 지식이 날아간 것은 물론이다. 그런데 실제로 그 상태가 된 저자가 느낀 것은 우울감도 좌절도 아닌, 한 번도 경험해보지 못한 환희와 기쁨이었다. 우뇌가 경험하는 세상과 자아는 축복으로 가득하다. 비극은 그 자체로 비극이 아니라 좌뇌가 비극이라고 판단해야 비극이 되는 건가 보다.

일단 '나'를 규정해왔던 경계에 대한 인식이 완전히 사라졌다. 나의 경계라는 건, 일차적으로 내 피부가 만들어내는 안과 밖일 것이다. 그리고 또 하나는 '나는 어떤 사람이다'라는 생각이다. 주로 과거의 경험들을 바탕으로 미래에 대한 판단을 하게 된다. 그러나 육체적 경계와 나라는 사람의 독특성이 사라져버려도 '나'가 사라지지는 않는다. 우뇌는 나와 외부를 하나로 인식한다. 신과, 우주와 하나가 되는 것이다. 두려움 같은 감정은 나를 한정된 존재로 인식하고, 외부의 영향, 그리고 미래의 '나'에게 벌어질 수 있는 부정적 상황에 대한 예측에서 일어난다. 그런데 나 자신에 대한 인식이 경계와 시간관념에서 해방되자, 마치

흐르는 물처럼 이 순간에 모든 것과 하나가 되며 완전한 감각을 느낀 것이다.

놀라웠다. 감동적이었다. 숟가락도 제대로 들지 못하고 숫자도 모르고 말 한마디도 못해 장애라고 규정되는 상태에서 극치의 만족감을 느꼈다니. 저자는 오히려 회복이 꺼려졌다고 말한다. 언어와 논리, 시간 개념을 회복하면 다시 예전으로 돌아갈 테니까. 예전의 시간은 '나'의 견고한 의식 때문에 자연스럽게 따라오는 불안, 분노, 욕심 등으로 차 있었다. 좌뇌로 새로운 것을 배우고 다른 사람에게 내가 배운 것을 나누는 것은 좋지만, 그와 동시에 내가 남보다 더 잘하고 있는지, 다른 사람들이 나를 제대로 이해해주는지 의식하게 된다.

여기서 뇌 가소성이 등장한다. 뇌는 고정된 무엇이 아니라 연결된 회로다. 뇌 자체가 변하지는 않지만, 우리가 연결을 선택해서 만들 수 있는 회로는 무궁무진하다. 눈 덮인 산을 내려오는 방법처럼. 저자는 다음과 같이 설명한다.

뇌졸중을 통해 내가 배운 최고의 교훈이라면 감정을 몸으로 느끼는 방법을 배운 것이다. (…) 감정이 내 몸에 계속 남아 있게 할지, 아니면 내 몸에서 곧장 흘러 나가게 해야 하는지 판단할 힘이 내 안에 있다는 것을 알게 되었다. (…) 왼쪽 뇌의 힘이 점차 강해지면서 내 감정이나 상황을 자연스럽게 다른 사람이나 외적 사건 탓으로 돌리고 싶어졌다. 그러나 현실적으로 보면 나와 나의 뇌 말고는 나에게 어떤 기분을 느끼게 만들 사람은 없었다. 외부의 그 무엇도 내 마음의 평화를 앗아갈 수 없었다. 그것은 온전히 나의 문제였다. 내 삶에서 벌어지고 있는 모든 것을 다 통제할 수는 없지만, 내 경험을 어떻게 지각할 것인가 하는 문제는 내게 달려 있었다.

'내게 달려 있다!' 내가 평생 가지고 있던 우뇌 안에 평화가 있다는 것을 저자는 다음과 같이 설명한다. 아름답고 기억에 콕 박히는 문장으로.

오른쪽 뇌에는 현재 순간 외의 시간이 존재하지 않으며, 매 순간이 감각들로 채워진다. 출생이나 죽음은 현재 순간에 일어난다. 기쁨의 경험 역시 현재 순간에 일어난다. 우리 자신보다 거대한 존재를 지각하고 그것과 연결되어 있다는 경험 또한 현재 순간에 일어난다. 우뇌에서는 '지금 이 순간 The Moment of Now'만이 끝없이 계속 이어진다.

최고의 지성으로 인정받는 사회적 지위에 올라 세상의 존경을 받던 학자가 화장실 뒤처리조차 남의 손을 빌려야 하고 앞으로 평생 이렇게 살지도 모르는 상황의 절망과 분노는 가늠하기도 어렵다. 하지만 바로 그 속에서도 그녀가 발견한 건 바깥이 아니라 바로 내 안의 우뇌에 접속한다면 환희가 있다는 깨달음이었다. 저자는 이 깨달음을 세상에 전달하고 싶어서 회복의 길을 선택한다. 서서히 언어 능력, 시간 개념이 돌아오면서 부정적인 감정이며 남을 원망하는 마음도 따라서 왔다. 하지만 저자는 뇌의 가소성을 믿는다. 나의 일부로 존재하는 우뇌에 접속하는 새로운 회로를 만들어간다.

우뇌가 '지금 이 순간'에 존재한다는 뜻이 구체적으로 어떤 기능을 말하는 것일까? 우뇌는 매 순간 깨달음을 준다. 가령 저자는 호박을 먹지 않았다. '나는 호박을 싫어해.' 이것을 철석같이 믿는 것이 좌뇌다. 좌뇌는 이런 자신에 대한 판단을 새롭게 하는 것을 싫어하며 사고의 패턴을 반복한다. 그렇지만 우뇌는 매 순간이 새롭다. 어제 호박을 싫어했다고 오늘도 같을 리는 없다고 판단하는 것이 우뇌가 하는 일이다. 저자는 이제 호박을 아주 좋아하게 됐다. 이렇게 다른 좌뇌와 우뇌를 함께 쓰기 위해 우리는 섣부른 판단을 피하고 '자신만의 마음의 정원'을 세심하게 돌봐야 한다고 저자는 말한다.

그렇다면 분노는 구체적으로 어떻게 다스릴까. 어떤 계기로 인해, 분노와 관련한 뇌의 화학물질이 분비된다. 그러면 몸이 느 낀다. 이 최초의 화학반응이 혈류에서 완전히 빠져나가는 데에 90초가 걸린다고 한다. 90초가 지나도 계속 분노를 느끼는 것은 이 화학반응을 지속시키겠다는 나의 선택이다. 이것을 아는 것 이 중요하다. 내가 사용하는 목욕탕의 이미지가 그런 것이다. 일 단 뜨거운 물에 몸을 담그고 90초는 아무것도 하지 않겠다고 작 정한다. 다만 이 시간 동안 나 자신의 몸의 반응을 세심하게 알 아차리고 그 시간이 지나면 선택권은 온전히 내게 있다고 스스 로에게 말하는 것이다. 또 하나 중요한 것은 몸의 느낌을 존중하 는 것이다. 내가 뜨거운 목욕물의 이미지를 쓰는 이유도 여기에 있다. 화가 나면 정말로 뜨거운 목욕물에 들어간 것처럼 체온이 오르고 숨을 멈추게 된다. 그 시간 동안 나 자신을 자책하지도 않고 나를 분노케 한 상황을 이해하려 하지도 않고 그저 몸을 가 진 동물로서 있는 그대로 분노를 느낀다. 그러면 이 순간조차도 꽤나 달콤하다.

법륜 스님의 강연을 찾은 많은 사람들이 비슷한 고민을 갖고 질문을 던졌다.

"가족들에게 벌컥 화를 내요. 나중에 미안하고 후회도 하는데 이 습관이 고쳐지지 않습니다. 어떻게 해야 하나요."

스님은 대답했다.

"지금 당장 전파사에 가서 전기충격기를 사세요. 화를 한 번 내자마자 방에 들어가서 그걸로 몸을 지져버려요. 그러면 고통을 겪으면서 기절을 할 거예요. 그렇게 몇 번만 하면 다 고쳐집니다."

청중들은 낄낄대고 웃고 질문자는 당황한 얼굴로 되묻는다. "네? 뭐, 뭐, 뭐라고요?" 그런데 스님은 웃지도 않고 태연한 얼굴로, 농담이 아니고 진짜 꼭 그렇게 하라고 덧붙인다. 겨울철 문고리를 잡았다 정전기가 찌릿해도 아픈데, 지져지는 건 전기 고문이나 마찬가지일 것이다.

스님은 설명한다. 화내는 건 습관이기 때문에, 절대 고쳐지지 않는다고. 그래도 고치려면 화를 냈을 때 전기충격기의 고통을 연상하게 해서 저절로 화가 안 나게 하는 방법밖에 없는 거라고. 테일러가 말하는 뇌의 회로를 선택한다는 것과 같은 원리일 것이다. 분노와 고통을 새로운 회로로 연결시키라는 말이다.

스님은 재차 묻는다. "오늘 당장 전기충격기 살 거예요, 안 살 거예요? 지질 거예요, 안 지질 거예요?" 청중은 다시 까르르 웃는데, 질문자는 여전히 머뭇거린다. 여기서 스님의 진짜 이야기가 시작된다.

"그러니까 당신은 거짓말하는 거야. 화내는 거 고치고 싶다고 하는 거. 그게 거짓말이지. 안 고쳐도 살 만한 거 아니에요? 그냥 화내고 살아요. 그렇게 살면, 애나 배우자가 나중에 당신을 떠날 수도 있고, 싫어서 상대도 안 해줄 가능성이 높지만, 그건 당할 때 '내 탓이다'라고 생각하고 그렇게 그냥 살면 돼요."

정말 중요한 이야기는 '내가 정말 변화를 원하는가'라고 냉정하게 질문하는 것이다. 사실 나는 아이들을 대하면서 목욕탕 이미지를 떠올릴 일이 거의 없다. 화 자체가 나지 않는다. 내가 특별히 인내심이 뛰어나거나 우리 아이들이 유난히 말을 잘 들어서는 아니다. 나도 나만의 전기충격기가 있었다.

큰아이가 만 3세를 조금 지난 어느 날, 아이의 고집이 극을 치닫고 있던 그때 내 분노가 폭발했다. 소리를 고래고래 지르다가 아이를 한 대 때리고 침대에다가 거칠게 던져버렸다. 그리고 겁이 나서 도망을 쳤다. 저지르는 순간부터 죄책감과 후회, 걱정이 밀려들었다. 그런데 그날 밤과 다음 날까지 다시는 그러지 말아야겠다고 생각할수록, 마음 한구석에서 이상한 의문이 떠오르기 시작했다.

'이게 나의 진심일까? 진심이라면 화가 나기 전과 후가 달라진 게 아무것도 없는데 애당초 왜 그런 미친 짓을 한 걸까?'

의문은 점점 의심으로 번지기 시작했다. 죄책감, 후회, 아이에 대한 걱정이 나의 거짓일 거라는 의심이었다. 스님에게 "화내는 습관을 고치고 싶어요"라고 상담까지 했지만 실제로 변화할 생각은 없었던 그 사람처럼.

생각할수록 죄책감과 미안함은 나 자신을 보호하고자 하는 거짓인 것 같았다. 아이를 때리면 안 된다고, 미안해할 일이라고 진심으로 믿는다면 처음부터 그런 행동이 나타나지 않을 거라는 결론에 도달하고 말았다. 내가 나에게서 숨기려는 진짜 마음은 무엇이었을까.

'아이에게 화를 내는 것은 나의 쾌감을 위해서 하는 것이다.'

이게 진실인지 아닌지가 중요한 것은 아니다. 나는 새로운 연결을 만들고 있었다. 나의 쾌감을 위해 어떤 인간에게라도 화를 내는 나 자신은 정말이지 견디기 힘드니까. 뉴스에 나오는 아동 학대 사건에는 작은 아이에게 악행을 하는 악마들이 나온다. 내가 아이에게 짜증내는 것조차 그런 악마 같은 인간들과 똑같은 동기와 쾌감으로 하는 거라고 스스로에게 끊임없이 주입하며 내 뇌의 회로를 새로 만들었다. 그 사람들과 내가 다를 바 없다는 생각은 전기충격기보다 더 괴로웠다. 일주일쯤 이 생각에만 몰두했다. 그리고 그 후로는 아이에게 화가 나지 않는다. 화를 참는 게 아니다. 아이가 어떤 행동을 해도, 그것이 화까지 연결되는 회로가 끊어진 것이다.

중요한 것은 연결 회로다. 따라서 아이에게 화를 내는 것이 절대 안 된다거나, 실제 아이에게 소리 한번 지르는 것이 아동 학대자들과 똑같다고 말하려는 것이 아니다. 다만, 진짜로 달라지고 싶다면 방법은 후회가 아니었다. 나는 그런 감정을 품는 내가 두려웠다. 그래서 새로운 회로를 만들었다.

누구에게
인정받으면 행복해질까

때때로 직업도, 수입도 내려놓고 살아간다며, 자존감이 정말 강한 것 같다는 말을 듣는다. 그때마다 궁금해진다. 자존감이 뭘까? 만약 타인의 평가와 무관하게 나 자신을 긍정하는 것이라면, 나는 자존감이 없고, 가지기도 어려울 것 같다. 내가 온전히 긍정받아야 하는 존재라고도 생각하지 않는다. 오히려 심리학자 마크 리어리의 소시오미터 이론이 내게 더 들어맞는다. 결국 자신을 평가할 때, 내가 자신을 어떻게 생각하는가보다 타인이 나를 어떻게 평가하는지를 인식하는 것이 더 중요하다는 이론이다. 나에게는 꼭 타인의 인정과 사랑이 필요하다. 나 혼자 나는 존중

받을 만한 가치가 있는 사람이라고 아무리 열심히 생각해도 공허한 외침 같다. 그리고 꽤 오래 사회생활에서 그것을 찾으려고 했다. 막연히 많은 사람들에게 인정받으면 좋겠다고 생각했다.

20대 중반에 일간지 기자로 사회생활을 시작했다. 나의 첫 목표는 특종을 많이 써서 영향력 있는 언론인이 되는 것이었다. 벌써 15년도 넘은 이야기라 지금은 어떤지 모르지만, 어쨌든 당시 기자들은 1면 가장 상단에 자리를 많이 차지하는 기사를 쓰려고 경쟁했다. 그게 안 되면 부서별 지면 최상단에 넓은 자리를 차지하려고 했다. 그게 기자로서의 능력과 성공의 척도였다. 그러면 자사뿐 아니라 타 매체 기자, 업계 관련자, 일반 독자 등 많은 이들의 인정을 받게 된다. 그러려면 사회 전체의 트렌드, 독자들의 욕구, 회사에서의 권력 관계와 취향, 그리고 이 모든 것의 타이밍 등에 주의를 기울여야 한다.

그런데 나는 나만의 시각을 담고 싶었다. 나에게는 사회적 이슈를 일으킬 수 있는 논쟁적인 주장 같은 것은 별로 없었고, 그것을 끌어내려고 애쓰고 싶지도 않았다. 대신 아주 사소하고 시시한 것들이라 자세히 살피지 않으면 보이지 않는 것들, 따라서 몰라도 그만이긴 하지만 알면 일상에 미묘한 균열을 내는 것들이 내게는 재미있었다. 그런 기사는 구석 한편에 위치하거나 아예 지면에 오르지 못할 때도 많았다. 그러면 실망스러워야 하는데, 의외로 즐거웠다. 해보고 나서야 나는 1면에 올라가는 것보다 쓰고 싶은 것을 쓰는 게 더 중요한 사람이란 것을 알았다. 그리고 때로 조그맣게 올라간 기사를 극소수의 동료 기자가 알아보고 칭찬해줄 때, 정말 으쓱했다. 내가 아는 사람이 나만 볼 수 있는 것들을 특별하게 좋아해주는 것 말이다.

나는 광범위한 영향력을 갖는 것보다, 이런 경험에서 나의 가치를 확인한다는 것을 깨달았다. 나를 칭찬해주는 사람들을 어떻게 찾아야 하는지를 꽤 정확하게 알게 됐다. 4년 만에 직장을 미련 없이 그만둔 것도 이런 깨달음 때문이었다. 성공한 기자가 되기는 글러먹었다는 것, 내가 가진 약간 독특한 시각을 칭찬해주는 사람이 세상에는 존재한다는 것, 그 사람의 숫자는 굉장히 작아도 상관하지 않는 사람이 나라는 것 말이다.

대중적 인정이 특히 중요한 기자를 그만뒀으니 그다음에는 학자가 되기로 했다. 내 생각을 연구논문으로 마음껏 쓸 수 있고 학생들을 가르치면 될 거라고 생각했다. 6년간 석박사를 하면서 이번에도 재미있는 깨달음을 얻었다. 전문 학자는 기자와는 또 다른 의미로 대중적 인정에 민감해야 했다. 연구지원금을 확보해야 연구가 가능한데, 지원금을 승인받으려면 정부나 기업이 원하는 연구 방향을 늘 의식하고 그에 맞춰야 했던 것이다.

두 직업 세계를 가까이서 들여다보고 다른 직업인들을 만나면서 알게 됐다. 어떤 직업도 내 것이 되면 좋기만 하거나 싫기만 할 수는 없다. 이제 내게 직업의 핵심은 수행해야 하는 일의 종류가 아니라 어떤 타인에게, 또 얼마나 많은 타인들에게 평가받고 인정받느냐 하는 문제였다.

이 두 번째 깨달음을 통해 가정주부라는 자리가 독특한 방식으로 인정욕구를 충족시켜 준다는 것을 발견하게 됐다. 가정주부를 직업으로 보면, 능력을 인정받아야 하는 사람은 가족들이다. 나를 평가하는 사람은 자식과 배우자뿐이다. 그 외 주변의 어떤 말도 큰 의미가 없다. 다른 직업들은 인정을 구해야 하는 대상이 불분명하다. 더 큰 성공을 원할수록 인정받아야 하는 사람의 수가 기하급수적으로 늘어난다. 그것이 성공을 재는 일반적인 척도이기도 하다. 그런데 가정주부는 나라는 인간 전체가 평가의 대상이 된다.

나는 글을 써도 일로 사람을 만나도 나 자신의 사적인 감정과 색깔을 따로 분리하는 것이 어렵다. 그런데 가정주부는 사적인 삶과 공적인 능력을 구분하지 않아도 된다. 노는 것, 일하는 것, 사랑하는 것, 고독을 확보하는 것, 이 모든 것이 통합적으로 평가받는다. 그리고 평가의 기간이 아주 길다. 아이들이 독립을 해도 그 아이의 위치에서 나를 평가할 테니까. 나는 이 평가 방식이 마음에 들었다. 설거지, 요리, 빨래를 열심히 한 적도, 할 생각도 해본 적 없었지만 세 명에게 평가받는다는 것은 나에게 딱 맞았다.

가정주부가 적성이라니 놀라웠다. 30대까지 여자이기 때문에 오히려 더 성공해야 한다고 믿었고 수입도 지켜야 한다고 생각했다. 그런데 마흔에 가까워서야, 그게 정작 나의 욕구는 아니라는 걸 깨달았다. 나 역시 회사를 그만두면 나란 사람의 가치도 함께 끝나는 것이 아닐까 싶어 불안했다. '배운 게 아깝다', '애들다 크면 허무하다', '가정주부는 자기 삶이 없다' 같은 말이 유독 귀에 꽂혔다. 그런데 내가 괜찮았던 것은 내 일을 가족과의 관계라고 보았기 때문이다. 먹이고, 학교에 제때 가도록 돌보고, 빨래를 해놓는 것은 굳이 내가 해야 하는 일이 아니었다. 자식과 남편에게 내가 구하는 인정 또한 음식을 잘한다거나 공부를 잘 가르치는 것은 아니다. 가족이라는 조직을 어떤 목표를 가지고 어떤 인간관계로 운영하는지에 대한 나만의 가치관과 시각에 대해 가족들의 인정과 동의를 구한다.

그래서 자존감이 내게는 그리 중요한 개념이 아니다. 나는 나 자신을 평가하지 않는다. 나에 대한 남들의 평가를 받아들이거나 거부할 뿐이다. 지나가는 사람이 "엄마가 돼가지고 그게 뭐냐? 자기 일이 있어야지, 집에만 있으면 어떡해?"라고 비난하면 그건 흘려듣고, 애들이 "엄마는 훌륭한 사람이야." 그러면 '맞아. 난 훌륭한 사람이야' 하며 수긍한다. 지나가는 사람이나 가족이나 다들 남은 남이다. 하지만 내가 인정을 받아야 하는 그 '남'은 누구인가를 내가 정한다.

자존감에 대한 관심은 한국에서 유독 뜨겁다. 미국에서도 수십 년째 비슷한 방식으로 끈질기게 관심을 받는 생각이 있다. '긍정'이다. 자기 자신을 신뢰하고, 미래를 긍정적으로 그리면서 거기에 맞춰 나 자신을 향상시키면 우주가 나를 도와 성공할 수 있다는 것. 하지만 이에 대한 반론도 거세다. 사회적 빈부격차의 어두운 면을 가리고 패자들에게 책임을 떠넘기기 위한 이론이라는 것이다. '거 봐. 네가 긍정적이지 않으니까, 네가 열심히 하지 않으니까 실패하는 거야.' 바버라 에런라이크 같은 저자는 『긍정의 배신』에서 긍정 심리학, 행복에 대한 추구, 힐링 등이 돈벌이를 위한 장사나 다름없다고 주장하기도 했다. 공허한 소비 행위처럼 오히려 사람들을 소외시키고 좌절하게 만든다는 것이다. 어떤 쪽이 옳고 그른지를 따지는 것보다 더 재미있는 건 이런 논쟁이 벌어지는 배경이다.

미국에서 유독 중시되는 가치는 개인의 독립이다. 개인의 권리, 개인의 영웅적 행동, 개인의 모험심에 대한 관심이 높다. 매

년 총기 사고나 테러가 끊이지 않아도 총기 소지를 막지 못하는 것이나, 코로나가 극성을 부려도 마스크를 안 쓰겠다고 버티는 사람이 많은 이유 중 하나도 개인의 선택권을 우선하는 사고방식 때문이다. 이런 문화적 배경을 가진 사회에서 빈부격차로 실패하는 사람들이 늘고 사회적 불안과 불만이 늘어났을 때 생겨난 주장이 바로 '개인의 긍정적, 진취적 사고방식'이다. "네가 마음먹기에 따라서 뭐든지 할 수 있어."

같은 맥락에서 한국의 자존감 열풍은 어떨까? 빈부격차로 인한 상대적 패배감과 불안은 정도의 차이는 있지만 전 세계적인 사회 문제다. 자존감은 '너 자신을 스스로 사랑하라'라는 메시지인데, 결국에는 '남이 뭐라고 해도 상관하지 말라'라는 것. 미국이 개인의 개척과 도전 정신으로 팽창해왔다면 한국은 사회적 기대에 부응하면서 서로 경쟁하는 과정을 겪어왔다. 남이 어떻게 하고 있는지, 사회 전반에서 수긍하는 성공의 기준은 무엇인지 의식하는 것이다. 자존감 열풍은 그 반작용이다.

나나 남편이 정규직 직장을 그만뒀을 때, 우리는 주변의 한국 사람들에게 비슷한 질문을 수백 번씩 받았다. '그래도 인정받고 싶지 않아?' '젊은 나이에 놀아서 되겠어?' '사회적 직함이 있어야지.' '그만큼 배운 게 있으면 사회에 기여를 해야 하는 거 아냐?' 개인에 대한 사회적 기대가 뚜렷했다. 우리의 고민도 비슷했다. 그런데 미국 사람들에게 은퇴했다고 하면 다들, '우와, 재정 상태는 괜찮아? 어떻게 관리해? 원래 무슨 일을 했어?' 하며 돈 이야기와 은퇴 과정을 알고 싶어 한다. 돈 문제야 어느 나라에서나 궁금해하지만, 교육받은 사람이 일을 해야 한다거나, 어떤 나이에 기대되는 모습에 대한 생각은 거의 찾아볼 수 없었다.

문화나 어떤 집단을 설명하면 반드시 지나친 단순화의 오류에 빠질 수밖에 없다. 한국 사람들은 집단중심적이라는 전제로 그런 사람을 찾아보면 아마 단 한 명도 찾을 수가 없을 것이다. 개인적인 성향이 강한 사람들이 어쩌면 오히려 더 많을지도 모른다. 개개인이 찾는 자기만의 무엇은 전체 문화가 가지고 있는 특성, 즉 집단주의에 대한 강한 반작용일 수 있기 때문이다.

그럼에도 불구하고 한국 문화를 이해하면 내 안에 있는 문화적 성향과 거기에 어떻게 내가 나만의 방식으로 반응하고 있는지 깨닫는 데에 도움이 된다. 게다가 한국이 아닌 다른 나라의 문화를 비교해보면, 내가 속한 한국 문화가 절대적인 가치가 아닐 수 있다는 깨달음을 얻게 된다. 그러면 내 한국적인 성향을 인정하면서도 그것에 속박당하지 않을 수 있다.

미국 문화에서 개인의 독립성을 그토록 강조하는 것을 보면서, 남을 의식하고 남 눈치를 보는 한국 문화가 나쁘지만은 않아

보였다. 눈치를 잘 보려면 타인의 감정이나 사정, 여러 사람들의 관계까지 파악해야 하니 상당히 고차원적인 능력이다. 물론 나 자신의 특성이나 욕구를 잘 모르면서 그저 주어진 상황과 타인의 감정에 맞추는 데만 급급하다면 계속해서 휘둘리기만 할 수 있다. 하지만 나의 고유성을 지키면서 눈치를 볼 줄 안다면 가능성은 무궁무진하다. 소시오미터 이론에 따르면 남들의 긍정적 시각을 제대로 인식할 때 자아 이미지가 좋아진다. 내가 환영받는 곳, 내가 잘 해낼 수 있는 역할을 발견할 줄 아는 건 삶을 행복하게 이끌어 갈 능력이나 다름없다.

그렇다고 남의 인정에 목을 매라는 뜻은 아니다. 남의 의견을 애써 무시하는 것이 아니라, '남'이 누구인가를 내가 의식적으로 정할 수 있으면 된다. 내 마음대로, 내 능력과 내 힘으로만 살아가겠다고 결심한다면 바로 미국인처럼 살아야 하는데, 그 삶이 그렇게 좋아 보이지 않는다. 마음속 아픔도 가족이나 친구가 아니라 전문가인 심리상담사에게 털어놓는 것이 옳다고 생각하는 문화 속에서 개개인은 지독하게 고독하다.

내 또래 친구들 중에는 무조건 집 밖에 나가서 남의 돈을 받는 일을 해야 활기도 생기고, 가족들에게도 너그러워지고, 아이들 이야기도 더 잘 들어주게 된다는 사람도 있다. 자기가 번 돈을 써야 자기 자신의 가치가 느껴진다는 것이다.

또 다른 친구는 돈보다 밖에서 자신의 가족이나 지인이 아닌 사람들을 만나서, 정장을 입고 사람들과 서로의 직책을 부르면서 일하는 시간이 꼭 필요하다고 말한다. 그 시간 동안 가족들을 잊고 있어야 다시 가족들을 만났을 때 에너지가 충만해진다. 사적 영역과 공적 영역을 분리해야 하는 사람일 것이다.

우리를 채워주는 것은 다 다르다. 우리에게 중요한 것은 그 다름을 탐구하고, 내가 행복해지는 맥락을 깨닫는 것이다. 나는 가족들과 낄낄거릴 시간이 많고, 틈나면 흙을 만질 수 있는 이런 환경이 좋다. 돈과 사회적 지위는 두 번째 문제였다. 이런 나에 대한 사실도 의식적으로 무엇이 내게 더 맞는지 묻지 않는다면 알 수 없다.

내가 가진 건 자존감이 아니라 적극적인 탐구 끝에 얻은 나에 대한 이해다. 언제, 어떤 사람들과 함께 행복한지, 무엇이 나를 채워주는지, 어떤 거리감이 좋은지, 나를 아는 만큼 다른 사람들이 좋다고 하는 것을 쫓아다니지 않을 수 있다. 시골에 오지 않아도 궁금해하기만 한다면 충분히 알아낼 수 있는 것들이다.

어떤 일은 내딛으면
이루어진다

이제 겨우 초등학교 4학년인 둘째를 붙잡고 아무 말이나 늘어놓았다. 학교를 그만두고 세계를 방랑하자는 이야기였다. 둘째는 잠자코 듣더니 이내 알겠다고 했다. 빈말을 하는 법이 없는 둘째였기에 되레 내가 궁금해졌다. 학교 다니는 게 그렇게 좋다더니 정말 괜찮겠냐고 물었다.

"엄마가 하자고 하는 건 대부분 안 하거나, 대강 하거나 뭐 그렇거든. 유기농 농장 한다고 한 것도 안 했지. 바닷가 도시 아파트에 이사 가자고 한 거. 개 키우자고 한 거. 엄마 책 출판한다고 한 거는… 음… 하긴 했지만, 보통 작가들처럼 밤새우면서 하는 거 아니고, 노는 것처럼 했지. 빵 만들고, 된장 만드는 것도 엄마 재미있는 대로 하잖아. 생각이랑 다르면 금방 그만두고 다른 일 할 거니까, 괜찮아."

부모를 꿰뚫어보는 말에 우리는 둘 다 깔깔대고 웃었다.

그렇다. 나는 변덕스럽다. 실행력만은 끝내주지만 의지력이나 열정 같은 건 없다. 심지어 소심하다. 무모한 짓들을 해치우게 되는 건 진지하거나 용기가 있어서가 아니다. 다른 시각과 태도 때문이다.

의미보다는 방향을 정한다.

인생에 의미와 목표를 정하지 않는다. 내 인생이 무슨 큰 의미가 있을 것 같지는 않다. 그래서 나에게 재미있어 보이거나, 궁금한 것, 마음이 내키는 것을 순간 단위, 하루 단위로 한다. 그런 일이 없는 날에는 하루 종일 침대에 누워서 지낸다. 그렇게 살다 보니 내 삶의 의미는 '사이좋은 가족 되기, 환경 보호, 자립과 검소한 생활, 건강한 먹거리, 자연과 가까운 일상'이 되었다. 이것도 이런 원칙을 진지하게 실천하는 사람들에 비할 바는 아니지만, 방향은 그렇다.

모든 일은 어쩌다 일어난다.

진화의 핵심에는 돌연변이가 있다. 어떤 일정한 계획과 방향을 두고 일사불란하고 체계적으로 나아가는 것이 아니라, 생존에 도움이 되지 않거나 방해되는 무수한 시도들이 폐기 처분되는 과정 중 소수의 몇 가지가 살아남아 의미가 된다. 그래서 의미는 돌아봐서 정한다. '이렇게 바꾸면 살아남을 수 있어. 이렇게 해야겠다'가 아니라, '살아남았네? 어떻게 이게 가능했지?' 하고 반대로 추적해보면, 보이는 것들은 사실 변화나 행위의 당시에는 그저 의미 없는 많은 시도들 중 하나였다. 그래서 나는 오래 고민하지 않는다. 그냥 아무거나 해본다. 혹은 해볼까 하다가 여건이 안 맞으면 안 해도 그만이다. 무슨 의미가 있을 거라는 기대는 별로 하지 않는다.

갑자기 떠오른 생각이란 없다.

거의 모든 충동적 시도나 생각은 스스로 생각해도 어이가 없을 정도로 갑자기 떠오른다. 하지만 여기에는 의식적 계산이나 감각보다 더 큰 무엇이 있다고 생각한다. 나 자신도 납득할 수 없지만, 그냥 끌리는 것이 있다. 나의 계산으로는 불가능하고, 심지어 나의 취향에도 맞지 않고, 앞으로 나에게 쓸모 있을 것 같지 않은 그런 일이나 주제들에 참을 수 없는 끌림을 느낄 때, 나는 항복한다. 일단 행동으로 옮긴다. 두 달 동안 삼시세끼 팥빙수만 먹기 같은 단순히 미련한 짓일 때도 있고, 바이올린 배우기와 바이올린 제작의 역사 공부하기 같이 정상적일 때도 있고, 줄리아 로버츠(그녀의 커다란 입에서 영어가 흘러나오는 것을 보면 황홀해진다)의 영화 전편을 백 번씩 보기 같이 나중에 도움이 되기도 하지만 당시로서는 확실히 게으름으로만 보이는 짓을 하기도 한다. 중요한 건 두 가지다. 이런 항복의 습관을 들이면, 나 자신의 깊은 욕구에 충실하게 반응하는 습관이 든다. 이렇게 살다 보면 삶이 어떻게 풀리든 간에 남이나 사회를 탓하지 않게 된다. 그리고 인생의 매 순간이 풍요롭게 즐겁다.

모든 건 이루어진다.

전 세계에서 초특급 베스트셀러였던 책『시크릿』은 그만큼 엄청난 비난도 받았다. "간절히 원하면 우주가 도와준다"라니, 사이비 종교처럼 들려도 어쩔 수 없지 않겠는가. 하지만 나는 이 책의 메시지의 절반은 확실하게 믿는다. 내가 원하는 건 정말 전부 이뤄졌으니까. 모든 생각이 현실이 되었다. 여기서 중요한 건 '무엇을 원하느냐'이다. 내가 마라톤에서 금메달을 따기를 간절히 원한다고 해서 그런 일이 이뤄졌을 리는 없다. 왜냐하면 그건 남들도 원하는 것이고, 그런 남들을 이겨야 이룰 수 있는 것이니까. 이 욕망은 달리기가 아니라 달리기를 매개로 해서 남을 이기고 싶다, 남의 사랑과 인정을 받고 싶다, 결국 타인에 대한 영향력을 갖고 싶은 마음이다. 내가 간절히 원하는 것은 남을 이기는 것이 아니다. 남 보기에 아이를 잘 키우거나 화목하고 모범적인 가족을 만들고 싶은 것이 아니라, 그냥 아이를 키우고 싶었고, 그냥 가족이면 됐다. 목표가 없는 것과도 연결이 된다. 그냥 달리고 싶었던 거라면, 운동화를 신고 내딛는 순간 소원이 이뤄진다.

나를 묶어두지 않는다.

나는 어떤 일에도 100퍼센트 최선을 다하지 않는다. 무엇이든 처음 시작할 때, 항상 생각하는 건 쉽게 빠져나올 수 있는 길이다. 취미 생활을 할 때도 장비를 먼저 준비하지 않는다. 회사에 다닐 때도, 박사 공부를 할 때도, 갑자기 그만두어도 억울하지 않을 정도로 대충 한다. 다음에 할 일, 내일 하고 싶은 일을 하기 위한 에너지나 돈이 항상 남아 있기를 바란다. 그것이 내 인생관이다. 나는 나 자신의 삶보다 더 중요한 건 없다고 생각한다. 최선을 다한 끝에 지쳐버려서 다른 일은 하고 싶지 않게 되는 것도 싫고 좋아하는 사람과 시시한 농담을 주고받는 즐거움을 놓치기도 싫다. 그리고 어떤 일이고 지겨워지거나 멈추고 싶을 때 언제라도 그럴 수 있는 자유도 나에게는 아주 중요하다. 이 가치들이 중요한 만큼 세속적인 욕망은 약하다. 배수의 진을 치지도, 있는

힘을 다하지도 않았으니까 성공으로 보상받아야겠다는 생각도
안 든다.

이미 실행한 사람들의 경험을 산다.

인간의 아기는 침팬지보다 머리가 나쁘다. 침팬지도 남들이
하는 것을 보고 학습을 한다. 그런데 무엇이 인간을 배움의 기계
로 만드는 걸까? 침팬지의 학습은 복제이고, 인간의 아기는 공감
이다. 침팬지가 돌로 견과류를 깨먹는 걸 배우면, 침팬지에게 학
습은 딱 거기서 끝이다. 하지만 인간의 아기는 남이 하는 걸 보
면서 그 상황에 있는 그 사람에 자기 자신을 대입시킨다. 이 차
이가 왜 중요할까? 남이 견과류를 먹고 있는 즐거움, 두리번거리
면서 찾을 때의 절박함, 깼을 때의 기쁨, 혹은 실패했을 때의 실
망감, 그 모든 것을 마치 자기가 직접 하는 것처럼 느낀다. 그렇
게 되면 인간의 아기는 돌과 견과류를 넘어서 더 많은 것들을 자
기의 상황과 맥락 안에서 발전시킬 수 있다. 그래서 인간의 배움
의 양은 기하급수적으로 늘어난다.

내가 파스타를 만들고 싶다고 생각한 것은 그저 파스타를 만
들기 위한 것만은 아니었다. 이탈리아의 땅과 기온에서 나는 밀
을 거둬 파스타를 반죽하고 빚었던 역사 속으로 들어가고 싶었
다. 레스토랑에서 파스타를 만들 일은 없겠지만, 자연과 사회와

사람이 역동적으로 만들어낸 파스타의 문화가 궁금했고, 그에 따른 맛과 욕망과 방법과 기구 그리고 그 조화도 알고 싶었다. 이렇게 배울 때 이미 경험한 사람들의 지식과 문화를 빠르게 압축적으로 익힐 수 있으며, 무엇보다 나라는 사람의 독특함과 인간의 보편성을 함께 즐길 수 있다. 그것이 배움의 즐거움이다. 이런 종류의 쾌락은 먹고 자는 즐거움만큼이나 인간에게 근본적이고 본능적이다.

아무렇게나 한다, 그렇지만 한다.
나는 무얼 해도 아무렇게나 한다. 실용적인 목적이 없어도 되고 남들을 이길 필요도 없다. 하는 것이 목적이기에 실패하거나 못 하는 건 없다. 하다가 말아도 괜찮다. 그래서 별로 신중하게 생각하지 않고 일단 하고 본다. 걱정하지 않고 행동으로 옮긴다. 그렇게 사는 게 나의 삶이라고 생각하니까.

이렇게 나만의 시각과 태도로 산다고 해도 인생에는 여전히 의문이 많고 결정해야 할 일도 많다. 다만 그 의문들이 두렵기보다 흥미롭게 느껴진다. 둘째는 과연 무사히 중학교를 다니게 될까? 세계를 부유하며 바구니를 짜고 우유도 짜고 각종 해산물도 말리고 그림 그리고 희귀한 언어를 배우며 살게 될까? 코로나 때문에 이런 생각도 하게 됐다. 꼭 채워 1년이나 학교는 하루도 안 갔으니까.

코로나의 대유행을 겪으며 우리는 좀 더 용감해졌다. 코로나가 시작되기 전까지 누구도 이런 세상을 예상하지 못했다. 예상을 하건 안 하건 삶은 계속된다. 그것이 우리에게 허락된 자유다. 나는 그 자유를 최대한으로 누리고 싶다. 내 마음속에는 온갖 계획들이 생겨나고 또 사라지고 있다. 갑자기 한국에 가서 책방이나 상담소를 차릴지도 모르고, 큰아이 대학 근처로 가서 살지도 모르며, 세계를 방랑할지도 모른다. 혹은 이웃도 없는 더욱 깊은 시골로 사라질지도 모른다. 앞으로 펼쳐질 시간에도 지금까지 그랬던 것처럼 아무렇게나, 언제든 그만둬도 된다는 마음으로 살아갈 것이다.

끝을 보며 지금을 사랑하다

인생에서 내가 꾸준히 노력하는 건 바로 열심히 노력하지 '않기'이다. 그럼 가만히 살면 될 것 같지만 의식적으로 경계하지 않으면 생각보다 어렵다. 나는 모든 걸 남김없이 불살랐다고 의심 없이 자부할 수 있을 정도로 최선을 다한 적은 없지만 나 역시 어떤 일을 할 때 서서히 나를 잊게 되고, 마구 달려가 끝을 보고 싶을 만큼 몰두하는 경우도 있다. 이럴 때, 정신을 똑바로 차리고 '아, 안 돼, 이렇게 열심히 하면 안 되지' 하며 멈추려는 '노력'을 해야 한다.

빵 만들기가 그렇다. 빵의 최고 양대 산맥은 즉석 제분한 100

퍼센트 통밀을 사용하는 것과 시판 이스트 대신 천연 발효를 하는 것, 두 가지다. 전자를 완성하기 위해, 1년 넘게 미친 사람처럼 책을 읽고 빵을 구웠다. 심할 때는 자다가도 새벽에 갑자기 깨서 새로운 방법을 메모하고, 발효 중인 빵 반죽을 수시로 관찰하며 냄새를 맡았다. 이스트 양을 극단적으로 줄여가면서 소화가 안 되거나 쉽사리 곰팡이가 피는 등 평범한 이스트 빵이 가진 단점들이 거의 사라졌다. 그러고 나니 천연 발효까지 마스터하고 싶은 마음이 샘솟기 시작했다. 그렇다면 누가 뭐라고 하든 세상 최고의 빵을 만드는 게 되니까. 그런데 여기서 멈췄다. 왜는 차치하고, 어떻게 멈췄을까?

방법은 단순하다. 끝을 생각한다. 빵 만들기 싫어질 때, 빵을 그만 만들 때를 생각한다. 왜 그렇게 되는지는 아직 모른다. 지금은 죽을 때까지 빵을 만들고 싶으니까. 그때를 생각하면 일단 도구를 사는 것을 극도로 삼가게 된다. 마찬가지로 천연 발효 기술까지 배우고픈 마음이 잠잠해진다. 언제든지 빵 굽기를 그만둬도 미련도 귀찮은 뒷정리도 없는 상태로 머무를 수 있다.

내게 미니멀리즘이나 소비 줄이기가 쉬운 이유도 마찬가지다. 새 물건을 사고 싶거나 필요할 때, 내가 가장 고민하는 것은 돈이나 쓸모가 아니다. 물건의 끝을 생각한다. 버리고 싶어질 때 어떻게 처리해야 할지 상상한다. 소파나 식탁 같은 큰 가구, 텔레비전을 사지 않는 것도 버릴 때 혹은 이사할 때 귀찮기 때문이다.

심지어 부동산도 이렇게 구입했다. 2000년대 중반, 최근 몇 년 빵 굽기에 열을 올린 것처럼 혼자서 서울과 미국 시애틀 인근 부동산에 푹 빠져들어 연구했다. 집을 고르며 가장 중요했던 건 지금 내가 사고 싶은 집이나 땅이 너무 싫어서 팔고 싶어질 때를 생각하는 것이다.

왜 버리고 싶어질지는 생각하지 않는다. 알 수 없으니까. 사람은 자신이 처한 순간의 판단과 상황, 생각에서 벗어나지 못하는 존재다. 하지만 그 모든 것들은 우습게도 한순간에 달라져버린다. 어떻게 달라지는지, 왜 달라지는지 궁금해하지만 그럴 필요는 없다. 어차피 그것은 인간의 능력 밖이니까. 코로나 세상에 대해 아무도 상상할 수 없었던 것처럼 내 마음도 내가 예상치 못했던 모습으로 바뀐다. 지금 꼭 사고 싶은 부동산 때문에 잠도 안 오는 와중에, 이 부동산을 갖기 싫어질 때 없애는 방법부터 골똘히 생각한다. 결국 누군가에게 팔아야 한다. 심각한 불황이라도 하루 이틀 안에 거래가 성사될 것인지를 생각해본다.

그러면 내가 가진 예산 안에서 무리하지 않고, 확실한 특성을 가진 부동산을 찾을 수 있게 된다. 내 능력 바깥의 비싼 부동산이 아니라 내 예산보다 더 저렴한 지역을 찾아서 그 동네에서 가장 빨리 팔릴 것 같은 물건을 사게 된다. 이렇게 몇 번 거래를 하면서 미국이나 한국에서 매번 공통으로 발견한 점은 아무리 저렴한 동네라도 이런 물건에는 프리미엄이 붙는다는 사실이었다. 그리고 파는 사람이 무척 거만하게 팔기 싫다는 식으로 애를 태운다. 그렇게 어쨌든 사기만 하면 마음이 편안해진다. 시세차익을 기내하거나 좋은 투자어서가 아니라 시장 상황과 무관하게 내 마음이 변해서 이 부동산이 싫어질 때 금방 없애버릴 수 있으리라는 것을 알게 되니까. 좀 더 최선을 다했다면 부동산으로 지금보다 돈을 많이 벌 수 있었을지도 모르겠다. 평범한 사람이니 그러고 싶은 마음이야 굴뚝같다. 하지만 그걸 제어할 수 있는 건 '팔 때 쉽게 팔기, 거만하게 팔기'가 목적이기 때문이다.

부동산의 예를 든 것은 아마도 끝없는 욕망을 멈추기가 가장 어려운 분야이기 때문이다. 어떻게든 돈을 많이 벌고 싶은 욕구는 너무도 강렬하니까. 나 역시 매이기는 싫었지만 돈이 주는 품위와 안락함을 포기하고 싶지도 않았다. 그럼에도 그것이 어딘가에서 끝나기를 바랐다. 혹은 끝날 거라고 생각하는 훈련을 하는지도 모르겠다.

욕구 자체가 나를 힘들게 하는 게 아니라, 욕구가 어떤 선을 넘어서도 계속됐을 때가 힘들다는 것을 살면서 배웠다. 시험 공부가 힘든 게 아니라, 시험을 잘 보지 않으면 큰일 날 것 같은 생각이 힘들었다. 빵 굽기도 새벽부터 밀가루를 반죽하고 밤낮으로 반죽을 주시하며 만드는 게 힘든 게 아니라, 최고의 빵을 욕망할 때 힘들다. 돈을 못 벌어서 힘든 게 아니라, 돈이 언제나 부족할 거라는 미래의 전망 때문에 더 힘들다.

이런 원리는 불교 관련 책이라면 어디에든 실려 있다. 하지만 나처럼 고행을 하기 싫은 사람에게 맞는 실천 방법을 찾기란 쉽지 않았다. 마음을 비우라니. 마음 비우기 싫었다. 그래서 방법을 바꿔보았다. 고민이 스밀 때마다 스스로에게 질문했다. '지금은 실컷 마음껏 내키는 대로 해도 좋아, 하지만 언젠가는 버려야 하고, 싫증이 날 거라고. 그때는 어떻게 하지?'

이런 질문을 하면 때로는 울적해진다. 온 가족이 누워 쉴 수 있는 폭신한 소파를 발견했는데 그 앞에서 언젠가 죽을 때 누가 저런 짐을 처리할지 고민하니 말이다. 그때그때의 욕망에 충실해야 하는 게 아닐까? 최선을 다해보고 싶다면 그렇게 하면 되는 거 아닌가? 그런 생각도 물론 든다.

동시에 현재 내 욕망이나 집착이 무척 소중해진다. 빵을 한창 만들다 보면 언젠가 이 일도 그만두게 될 것이라는 생각이 든다. 그 사실을 받아들이면, 굉장히 집중하게 된다. 그런 시간이 지나고 나면 어느 순간 지금이 이 일에서 얻을 수 있는 기쁨의 최고점이며, 앞으로 서서히 하향곡선을 그리기 시작할 거라는 느낌이 들기 시작한다. 이렇게 나의 욕구가 이끄는 한에서 임계점까지 갔다가 그 쾌락이 끝나는 지점에서 나는 미련 없이 그만둔다. 그러다 보면 나의 경험들은 대부분 온전히 나다운 것으로 채워진다. 나의 욕구와 욕망의 방향과 강도를 확인하는 과정을 지나온 것이니까.

인간은 순간을 살 수밖에 없지만, 동시에 끝을 상상할 수 있는 유일한 동물이라고 한다. 그래서 괴롭기도 하지만, 그렇기에 삶의 충만함을 이해할 수 있는지도 모른다. 나는 끝의 아름다움을 그렇게 이해한다.

숲속의 자본주의자

초판 1쇄 발행 2021년 6월 14일
10쇄 발행 2024년 1월 3일

지은이 박혜윤
펴낸이 김선식

부사장 김은영
콘텐츠사업본부장 임보윤
책임편집 이한나 **디자인** 권예진 **책임마케터** 이고은
콘텐츠사업3팀장 이승환 **콘텐츠사업3팀** 김한솔, 권예진, 이한나
마케팅본부장 권장규 **마케팅2팀** 이고은, 배한진, 양지환 **채널2팀** 권오권
미디어홍보본부장 정명찬 **브랜드관리팀** 오수미, 김은지, 이소영
뉴미디어팀 김민정, 이지은, 홍수경, 서가을, 문윤정, 이예주
크리에이티브팀 임유나, 박지수, 변승주, 김화정, 장세진, 박장미, 박주현
지식교양팀 이수인, 염아라, 석찬미, 김혜원, 백지은 **브랜드제휴팀** 안지혜
편집관리팀 조세현, 백설희 **저작권팀** 한승빈, 이슬, 윤제희
재무관리팀 하미선, 윤이경, 김재경, 이보람, 임혜정
인사총무팀 강미숙, 지석배, 김혜진, 황종원
제작관리팀 이소현, 김소영, 김진경, 최완규, 이지우, 박예찬
물류관리팀 김형기, 김선민, 주정훈, 김선진, 한유현, 전태연, 양문현, 이민운

펴낸곳 다산북스 **출판등록** 2005년 12월 23일 제313-2005-00277호
주소 경기도 파주시 회동길 490
전화 02-704-1724 **팩스** 02-703-2219 **이메일** dasanbooks@dasanbooks.com
홈페이지 www.dasan.group **블로그** blog.naver.com/dasan_books
종이 IPP **인쇄 및 제본** 상지사 **후가공** 평창피앤지

ISBN 979-11-306-3829-4 (03190)

다산북스(DASANBOOKS)는 독자 여러분의 책에 관한 아이디어와 원고 투고를 기쁜 마음으로 기다리고 있습니다. 책 출간을 원하는 분은 다산북스 홈페이지 '투고원고'란으로 간단한 개요와 취지, 연락처 등을 보내주세요. 머뭇거리지 말고 문을 두드리세요.